国家出版基金项目
教育部人文社科重大委托项目

世界女子高等教育及大学女校长研究

世界大学女校长◆女子大学丛书

国家出版基金项目

世界大学女校长◆女子大学丛书
Series on World Women University Presidents & Women's Universities

Qin He
秦 和

吉林华桥外国语学院院长

徐娟 著

中国传媒大学出版社
Communication University of China Press
·北京·

总　序

百年大计，教育为本。世界各国的经验表明，强国梦必须有科教梦做支撑。科教兴国，是中国的基本国策，是从教育大国到教育强国、从人口大国到人力资源强国的必由之路。高等教育处于教育体系的顶端，是联结科技与教育的重要桥梁。衡量一个国家科技和教育水平的高低，在很大程度上要看这个国家高等教育的水平。

回顾大学的发展历史，我们不难发现，一所大学办学质量的高低，往往取决于校长的水平。世界著名大学发展的每个重要阶段，都铭刻着大学校长的办学理念和思想，正如艾略特之于哈佛大学，蔡元培之于北京大学，梅贻琦之于清华大学。研究大学校长的办学理念和思想，是管窥一所大学兴衰成败的途径，而专门研究大学女校长，则独辟蹊径，别开生面。

中国现代教育史上，大学校长虽以男性居多，然而成就卓著的女校长也不乏其人。她们推动了大学的变革，丰富了大学的精神内涵，如金陵女子大学老校长吴贻芳，复旦大学前校长谢希德，东南大学前校长韦钰，同济大学前校长吴启迪，等等。女校长人数虽然屈指可数，但其业绩丝毫不逊于男性同行。大学女校长为高等教育的发展注入了活力，做出了贡献。大学女校长的治校理念、办学风格乃至传奇的职业生涯，确实值得深入研究和细致品味。

女子大学是高等院校序列中的一种特有形式，为世界高等教育的发展做出了重要贡献。著名的女子大学，如韦尔斯利学院、史密斯学院、淑明女子大学、日本女子大学、御茶之水女子大学，以及中国历史上的金陵女子大学、北京女子师范大学、华南女子大学等，都写下了光辉的篇章，是世界高等教育的重要组成部分。研究世界各国女子大学，总结提炼女子高等教育的办学经验和人才培养模式，探索现代女性接受高等教育的多样化形式，对于寻求符合女性特质的教育理念和教育方法，应该说是一种有益的尝试。

由中国传媒大学承担的教育部重大委托项目——“完善中国现代大学制度视域中世界女子高等教育及大学女校长群体研究”课题，对以上两个领域进行了系统深入的研究。“世界大学女校长·女子大学”丛书，就是这一课题的主要成果。这套丛书分为四个系列：女子高等教育系列，考察全球女子高等教育的发展轨迹，呈现其办学传统和教育特色；中外大学女校长个案研究系列，以人物传记的形式深度追踪大学女校长的人生经历，剖析她们的成长历程、心智历练、办学理念和治校方略；女校长群体研究系列，群像式描绘某一国家或地区的大学女校长群体，彰显女校长个性的同时，探寻她们的共性；“世界大学女校长论坛”图文集锦系列，汇集展示了大学女校长在历届论坛上的真知灼见和绚丽风采。四个系列，四十余本，蔚为大观。

“世界大学女校长·女子大学”丛书，也是“世界大学女校长论坛”历时十三年深入研究高等教育及女性培养结出的硕果，是深化论坛主旨、促进女性事业和教育事业发展的学术行动。丛书的写作，依托“论坛”这一平台，深度访谈和研究了参加历届论坛的大学女校长，系统整理了多年积累的学术成果，可以说，“论坛”既是女校长们交流合作的舞台，也是本套丛书得以出版的重要基础。

自1995年北京第四届世界妇女大会召开以来，世界妇女运动取得了长足的进展，性别平等的高端主题——女性领导力，也已经是全球关注的议题，与女性学相关的课程在中国高校已经四处开花。今天，有识之士都深刻认识到，女性在社会各个领域的创造力和领导力，是推动社会全面发展的动力之一，也是人类文明进步的重要标尺。“世界大学女校长·女子大学”丛书，对于提升女性领导力，具有重要的参考价值，对于知识女性的成长具有积极的引导意义。

大学女校长是高等教育、女性、领导力的集结点，是知识女性的杰出代表，是自尊、自信、自立、自强的典型，她们不但为高等教育的发展做出了应有的贡献，更以自己坚韧顽强、宽厚包容、无私奉献的品质与情怀，阐释了女性领导力的独特内涵。对于广大女性来说，她们是教育典范和女性楷模，具有榜样的力量和示范的价值，定能引领青年女性沿着正确的道路勇敢前行。

女性的发展，需要社会各方面的支持，更需要女性自身具备积极进取的意志和宽广博大的胸怀。希望丛书的研究成果能产生广泛和深远的影响，为女性高等教育提供宝贵借鉴，为精英女性的成长与成功给予智力支持；促进全社会更加重视女性平等的教育接受权和职业发展权；激励正在为打破“玻璃天花板”而奋斗的新一代女性，为女性领导力的培育与提高奠定坚实基础。

是为序。

陈至立

2014年7月

前 言

我在中国传媒大学工作近五十年，其中有三十多年在学校领导岗位上任职。这些经历让我有更多的机会体悟、思考女性接受高等教育的重要性、女性走向领导岗位的不易。

早在1996年，我即萌生组织世界各国为数不多的大学女校长进行交流合作的想法，但当时忙于学校的学科建设和转型，这一想法被搁置下来。直到2001年，在诸多同事的帮助下，我才将这一构想变成现实，召开了大学女校长“新世纪高等教育发展战略国际论坛”。此后论坛每隔二至三年举办一次。2006年，论坛挂靠中国教育国际交流协会，组建了世界大学女校长论坛组委会，负责论坛的筹划、组织工作；2009年，在江苏有关部门的关心和支持下，成立了江苏中外大学女校长教育发展基金会，为论坛筹集资金。迄今，世界大学女校长论坛已在中国北京、南京、厦门举办五届，并在新西兰、日本、美国、土耳其、津巴布韦和墨西哥等地召开六次分论坛，吸引了79个国家的800余人次大学女校长。

十年来，在与各国大学女校长的交流互动中，我深刻地感受到，女性在高等教育领域作为决策者和领军者可谓凤毛麟角，其人生历练和办学实践值得浓墨重书。翻阅每位女校长的简历、细读她们给论坛提交的论文，总能激起我发自内心的共鸣，赞佩她们的治校理念、管理智慧和人格魅力。每一位女校长都拥有鲜为人知的心路历程、卓尔不凡的领导能力与永载史册的辉煌业绩。

我的一位好友、著名女性传记作家赵凤翔教授曾说："女人要写女人。"这给了我很大启发——女校长要研究女校长。追溯大学女校长成长、成才、成功的道路，总结女性领导力的形成规律和独特优势，开展大学女校长及女性领导力研究，出版相关研究成果，就成为"世界大学女校长论坛"活动的自然延伸。

2010年，我们筹划设立了"完善中国现代大学制度视域中世界女子高等教育及大学女校长研究"课题，组织来自中国传媒大学等单位80余人的研究团队，选定34个国家80余位大学女校长，进行个案研究和群像描绘；对23个国家的女子大学进行历史梳理与全面考察。2011年，这一课题获得教育部人文社科重大委托项目立项；2013年，由该课题主要研究成果结集而成的"世界大学女校长·女子大学"丛书，获得国家出版基金资助。

这套丛书由四个系列组成，具有三个鲜明特点。四个系列：女子高等教育系列、中外大学女校长个案研究系列、女校长群体研究系列和"世界大学女校长论坛"图文集锦系列。三个特点：一是全景式描述。丛书对世界范围内大学女校长及女子高等教育，首次进行比较全面的观照和挖掘。女校长研究既有共性的揭示与比较，又有个性的剖析与呈现；女子高等教育研究既有全球视野的巡礼，又有具体国别的探究。二是人物传记式的写作方法。丛书以访谈当事人、发掘第一手资料为基础，研究和写作的过程力求再现传主的人生轨迹、突出其办学理念和治校业绩。三是可读性强。传主的真知和作者的匠心历历可见，读者能够在图文并茂中感受到智慧和灵感的融会。

这套丛书是对女性通过教育追求真善美、通过自身努力彰显智仁勇的真实颂扬。著名女作家冰心曾说：这个世界如果没有女人，就会失去十分之五的真、十分之六的善、十分之七的美。女性不仅是真善美的化身，也应是智仁勇的写照。阅读这套丛书，我们可以了解到，女性如何通过交流互鉴，凝聚智慧、取得共识；体认困境，直面现实、自立自强；付诸行动，同心同力、坚持不懈。

这套丛书是对“女性是改造世界的温柔力量”的生动诠释。置身于男性居主导地位的社会管理体系中，女性要取得成功，需要充分展现女性特质，发挥女性优势，要以女性特有的视角观察、思考、解决问题。阅读这套丛书，我们可以看到女校长们如何在战略决策上，高瞻远瞩，运筹帷幄，引领未来；在具体工作中，体贴入微、心系师生，用愿景激励师生，用行动示范师生，用厚德包容之心协理校务；在领导风格上，追求完美和精致，重视以人为本，在管理中实现个人的发展与事业发展的契合。

这套丛书是对高等教育及大学女校长社会价值的全面展示。众所周知，高等教育是形塑社会结构及价值体系的重要载体，大学校长是具有社会象征、示范和引导意义的特殊群体。女性接受高等教育、女性担任大学校长，在改变高等教育生态的同时，也在潜移默化地影响着社会结构变迁、家庭角色分工、社会责任担当、时代价值导向。阅读这套丛书，我们可以看到女子高等教育和大学女校长的发展历程，正是社会不断进步、两性趋于平等的见证，而她们成长的艰辛和不易，也呼吁现代社会迈向更加平等、公正、和谐的完善之路。

丛书已然油墨飘香，感激的话语也充溢心头。感谢江苏中外大学女校长教育发展基金会为项目提供启动经费，感谢教育部将此课题列为人文社科重大委托项目，感谢国家新闻出版广电总局提供国家出版基金资助。特别感谢十一届全国人大常委会副委员长、第十届全国妇联主席陈至立女士担任项目和丛书的总顾问，并欣然作序。

感谢这套丛书的传主、作者和编审们。他们在繁忙的本职工作之余尽心尽力，保证了任务圆满完成。传主们倾力支持、积极配合；作者们夜以继日，数易其稿；编审们孜孜不倦，精益求精。这种认真负责的精神，令人感叹。课题跨越四载，屡遭挫折，历尽艰辛，常常使我们困扰于“山重水复疑无路”，而殚精竭虑之后的新意迭出，又使我们惊喜于“柳暗花明又一村”。我相信，不久的将来，作者之中定会有著名的传记作家、女性研究专家脱颖而出。

感谢中国传媒大学文科科研处、出版社，为项目的完成和丛书的出版提供了有力保障。丛书煌煌五十本，从策划、组织、申报、撰写到编辑、装帧，学校教师及出版社职工都是主力军，都是可靠、堪用、高效的突击队。如今项目和丛书按期完成、保质保量出版，我要向他们衷心致谢！

任何一项事业，都是“一人启其端，百人扬其华”。我只是一个组织者、牵线者，项目得以完结、丛书得以问世，应归功于各位热心的支持者、参与者。让每一位年轻的女性都能自由地筑梦、勇敢地追梦、幸福地圆梦，是我最乐意为之奔忙的事业。我们期待，有更多的有识之士能参与到这一有意义的工作中来。

刘继南

2014年7月于北京

目 录

引子 百年私立名校的追梦人 001

梦的发端

忧国忧民 梦由心生 003

翻译公司 积蓄力量 007

抢抓机遇 艰难孕育 012

天时地利 顺利启航 015

梦的启航

万里征程 始于筹建 018

端庄办学 三项承诺 020

建章立制 精益求精 025

多元筹资　建舍立校 032

学历教育　奠定基础 039

前瞻决策　抢占先机 043

中外结合　求贤若渴 050

双重考验　超越期待 061

梦的探索

绘制蓝图　乔迁净月 067

升本梦圆　再攀高峰 079

会通中外　砺志敦才 089

育人为本　德育为先 097

四年规划　五个学会 106

质量第一　特色兴校 115

十年奋斗　矢志不渝 118

梦的腾飞

非营利性　公益办学 126

文化强校　以文化人 136

夯实党建　坚强保障 144

设职代会 完善治理……147
获批重点 新的启航……152
深化改革 长期规划……156
桥之精神 华外灵魂……162
实践教学 地球村情……171
申硕成功 新的飞跃……182

梦的升华

公益引领 奉献社会……188
志愿精神 回报社会……191
发起联盟 服务社会……197
建言献策 心系社会……202
百年名校 追梦永恒……212

后 记……218

引子　百年私立名校的追梦人

2006年11月10日，北国初冬，冷风习习，与往常无异的日子。然而对于吉林华桥外国语学院的数千名师生来说，这一天却有着特别的意义。

在吉林省长春市风景秀丽的净月区（净月大街3658号），一场财产捐赠公证仪式感动了长春、吉林，感动了中国教育界，更震撼了数千名华桥外院师生的心灵。时年43岁的秦和，捧着一颗赤诚之心，向祖国母亲献上了她十三年呕心沥血凝成的结晶——一所端庄的大学，正源源不断输送外语加专业的复合型人才；一种适应中国国情、汲取国际名校精华的人才培养模式；一套遵循教育规律和市场需求的育人理念，以及她对教育毕生的热爱和激情。

上午10点，吉林华桥外国语学院多功能厅。一个略带磁性、柔和婉转、饱含深情的声音在大厅里回旋：

“作为吉林华桥外国语学院创办人、举办者和法人代表，我郑重作出具有法律效力的声明：吉林华桥外国语学院偿还债务后的所有财产，在我身后，全部留给社会，继续用于发展国家的教育事业。”

在场的公证员、中共吉林省委、省政府和教育厅有关领导、师生代表，无不为之动容，会场掌声雷动，经久不息。

在中国，民办高校的产权及归属问题长期以来在法律上及实践中迟迟未决，成为民办高校发展的一个瓶颈。秦和用她的个人行动和义举，使这一世纪难题有了破解之路，开启了践行我国民办高校办学体制和管理体制改革的先河。秦和用其不求索取、无私奉献的精神和情怀，为促进我国民办高等教育发展高举了非营利性办学旗帜。

“为教育而生”的秦和一直有一个梦，而这一天，是她逐梦路上的一个里程碑。她的梦，是要建一所大学，一所应用型高水平大学，一所公益性非营利性的百年私立大学。已到天命之年（1963—2015）的秦和，她的生命旅程，已浓缩为办学的艰辛创业历程，其中既有华桥外院跨越发展的光辉，更是一部百年私立名校梦的奋斗史。

梦的发端

“一个人一生有很多梦想，我的梦想就是办教育。这一情结似乎是与生俱来的，从我背上书包走进学校的第一天起，对老师与学校的崇敬和依恋，便伴随着我生命的成长而升华，成为我一生的神圣向往和追求。”

——秦和

忧国忧民　梦由心生

“You look so nice today!”

“……”

这是一个真实的对话，也是铭刻在秦和脑海中长达二十余年之久的深刻记忆。

时至今日，秦和仍然清清楚楚地记得当时的那一幕。那是20世纪90年代初期，秦和参加一次银行业的国际研讨会。一位外国人对一位中国人说：“You look so nice today”，当时没有翻译在场，那位中国人显然没有听懂，什么都没有回答，场面非常尴尬。其实他当时回答“Thank you”或者是“You too”就可以了。

秦和发现，许多中国的金融和经贸人才缺乏外语交际能力，而一些外语人才又不熟悉经济专业知识，综合素质不高，很难适应我国改革开放和国际交流的发展形势。那一瞬间，秦和的情绪很复杂，强烈的民族自尊心和责任感夹杂在一起，一个想法油然而生——她要回国去办学，办一所像样的实用性外国语大学，为社会培养既精通外语，又谙熟管理，懂一两门专业的高级外语外事人才。

放眼国际，90年代初期，长期封闭的大国重新以开放的姿态走上国际舞台。如何在国际舞台上展现我们的形象？需要什么样的人才来开展国际合作和交流？对这些问题的思考催生了秦和的责任感和使命感，也让她更加认真、审慎地思考自己的办学梦。

反观国内，改革开放初期，遭遇“文革”重创的教育界百废待兴。1977年国内恢复了高考制度，被耽搁学业的学子们拿起书本，纷纷挤上了高考这趟改变命运的列车。

外事工作经历，萌发办学动念

1977到1979年，连续三届考进大学的，都以老三届下放知青为主，应届考生中极其优秀的才有机会走进大学校门。1979年全国报名考生468.5万人，共计录取28.4万人，每100个考生中只有6人能被录取。全国历年参加高考人数和录取人数的统计资料显示，1977年录取率4.8%，1978年7%，1979年6.1%，1980年8%。之后11年，录取率基本保持在30%以内。

在那个千军万马过独木桥的时代，一些年轻人，一年考不上就复读一年、两年再考，希望通过上大学来改变上山下乡、进知青厂就业的命运。年复一年，许许多多渴望知识、渴望成才的年轻人被挡在了高等学府的大门之外。伴随这一过程，1978年起全国各地出现各类开设高考补习班的民间办学机构，新中国民办高等教育进入孕育阶段。

时光飞转。1992年邓小平南方谈话发表，我国新一轮改革启动。一边是国企转制，大批下岗工人走向社会；一边是国家治理经济过热、通货膨胀。

1993年至1998年，国企转制逐年释放冗员，全国城镇企业下岗工人从1993年的300万人，至1997年时累计达到1 152万人。到2001年6月，仅仅国有企业释放的下岗工人，累计达到2 811万人。在最初几年的下岗队伍中，年龄大、学历低、没有专业背景的占据大多数。于是无数下岗和面临下岗风险的父母，将满腔希望倾注于子女，期望他们能接受大学教育，有专业、有文凭，能端稳饭碗。而恢复高考后入学的大学毕业生，陆续都做了父母，更将大学毕业作为子女进入社会的起点。

这一时期中，1993年至1996年，朱镕基治理经济过热，我国成功实现了“软着陆”。在经济增速急速放缓的同时，国内出现了需求疲软。发展外向型经济，设置沿海开放特区，发展出口加工贸易，外引内联，同时发展两个市场等政策导向，催生了中国经济对各行业外语人才的大量需求。

东三省，养育秦和的这片土地，是新中国的重工业基地，也是下岗工人数量最为集中的地区之一。在建立社会主义市场经济体制的进程中，东三省肩负着重振老工业基地的历史重任。千千万万个家庭对子女上大学的渴望，各行各业对高等专业人才的急切需求，呼唤着大学教育的跟进，撞击着怀揣教育梦想的人们那一颗颗火热的心。高等教育资源的匮乏，催生出民办高等教育的发展良机。

与此同时，国家出台了相关政策，鼓励民办教育发展。1993年3月，党中央、国务院正式发布了《中国教育改革和发展纲要》，明确提出“初步建立起与社会主义市场经济体制和政治体制、科技体制改革相适应的教育新体制”的目标，并分别对办学体制、基础教育管理体制和高等教育管理体制等各个领域的改革作出全面部署。然而，那时的中国是穷国办大教育，办的又是世界上最大规模的教育，单靠政府投入远不能满足需要。国家为教育全面发展提供了良好的社会大环境，而市场经济的多元化发展，又使中国高等教育从国家公办院校的单一模式，向多种办学方式并举的“大众化”模式过渡成为可能。这就给社会力量办学创造了广阔的发展空间。

那时，民办高校在中国尽管并不新鲜，早在20世纪80年代就已恢复并迅速发展，但总体上看，民办教育在政策上仍面临诸多禁区，存在较大的不确定。一方面，时代在强烈地呼唤民办教育；另一方面，办学仍面临诸多风险。在这样的背景下，秦和敏锐地察觉到，中国私立教育由于自身的特点，在适应市场经济方面具有独特的优势，建立适合社会主义市场经济的高等教育，民办高校与公办大学一道肩负着时代的重托。因此办一所外语类民办高校，必然有市场。

秦和的思路越来越清晰：要办一所民办的外国语大学，努力为社会培养精通外语、谙熟管理、懂一两门专业、综合素质高的应用型、复合型、外向型的高级外语外事人才。

在秦和眼中，教育可以改变命运，好的教育将源源不断地创造千千万万个敬业、奉献，有能力、有品德，造福社会的人才。秦和相信，早逝的父亲如果泉下有知，看到自己一步一个脚印地践行百年名校之梦，老人家会比看到自己成为外交家还要欣慰。

1993年6月，为了祖国更加美好的未来，为了自己的信念和梦想，秦和辞去了很多人非常羡慕的银行工作，开始了办学创业的艰难跋涉。

从感知，到忧虑，升华为之奋斗的事业追求，秦和始终在坚定、执着地不断探索、践行。

那一年，秦和还不到30岁。

翻译公司　积蓄力量

常言道，万事开头难。1993年秦和的圆梦之旅，第一步的难题是怎样快速筹集资金。她不仅没有办学资金，能吸引投资商投资的办学经验也没有。

秦和在金融机构工作过，对于贷款、融资的一些基本方法和渠道她深有了解。但当时她只身回国，并没有前期的积累，也没有资产和抵押，要想获得融资或贷款并非易事。在这种情况下，如何获得办学起步所需的资金，这是她面临的第一大难题。

寻求商业投资，是一条有效途径。彼时国内有意投资民办高等教育的人不少，秦和接触了一些，发现投资人的目的在于获取高额回报，投机心理很强，在与合作的投资方商谈中，投资方急切想听到的是，她办的大学能带来如何可观的回报，多长时间能收回投资，这与秦和的办学理念和教育梦想格格不入。

秦和心中已经描绘出来的蓝图，无法让那些投资人理解。她矢志要办一所常青藤式的百年名校，那需要长期、稳定、持续的资金投入，如果以营利为导向，期望几年内就收回投资、有可观的盈利，学校不可能办出品质来。改革开放以来，到90年代初期，民办高等教育处在恢复发展阶段，办学者逐利产生的各种不良后果，已经开始显现。许多民办高等教育助学机构，不是靠质量赢得社会的认可，而是陷入短期利益的套索中不能自拔，最终声名狼藉。

秦和心目中的百年名校，并不是以国内的民办学校为尺度的。她的目光所及，是那些已具有百年历史的一流学府。有四所高校始终没有离开她的关注视线，美国的哈佛、耶鲁、普林斯顿，以及法国的巴黎高师。这些学校对秦和的办学思路与理念，各有借鉴。

在秦和看来，就办学理念而言，那些常青藤名校，哈佛、耶鲁、普林斯顿等等，没有哪一所是以盈利目的而发展到今天的！这些历经数百年的著名学府，每年数以百亿计的办学经费中，学生的学费只占相对较小的比例，绝大部分办学资金来源于校募基金——源源不断地来自社会和政府的资助。

对比国际一流名校的发展历史，秦和不得不面对现实：美国私立大学校长能到处募集资金使大学有条件招收最好的学生、最优秀的教师，提供最优越的教学研究设施，是因为全社会有捐赠办学的风尚，各大学一代代优秀毕业生源源不断提供校友捐赠。而在中国，发展较好的民办学校是创办者自筹、借贷、收费滚动发展，有投资意向的投资人往往渴望学校为他们盈利、赚钱。美国大学校长的筹款环境，是秦和望尘莫及的。

一所百年名校，因为优秀而存活百年，更因为需要百年的持续努力才能变得优秀。大学的培育，绝不是短期经营行为的成果。秦和想明白了这个道理，她不能无条件地指望商业投资。然而此时，她手中能筹到的资金，不要说办大学，就是办非学历教育的条件都还没有。圆梦之旅，起点在哪里？连续多日，她让自己冷静下来，细细掂量。

办学筹资难，这是众所周知的问题，在我国刚从计划经济向市场经济转变的90年代，更是难上加难。与此同时，秦和深深地意识到，要办她心目中的学校，首先要解决独立性问题，依附就是束缚，不能展翅高飞。没有远虑，必有近忧。要起步，只能靠自己筹措经费。

千里之行始于足下。秦和决定自起炉灶，自开公司，筹集资金，打好基础，再用滚雪球的办法去办学。睿智与果断，使她踏上一条艰辛而光明的路，为学校发展奠定了基础。

秦和在国外的工作经历历练了她，凡做事，就要大处着眼，小处着手。她选择了独有的优势去圆办学梦：通吃外语。

秦和的教育梦渐渐幻化出一个可以绘出的蓝图。她东挪西借，凑够了一笔启动资金。1993年6月，“吉林省华侨翻译公司”的牌子挂在了斯大林大街100号，公司创立了。

开张第一天，公司只接到了一笔业务，营业额只有3.78元。几位一起创业的老师哭了，照这个速度，什么时候才能办一所大学啊！秦和百感交集，看着那几张年轻而疲倦的脸，她轻轻一笑，安慰道：“收入虽少，可还是有了第一笔收入啊。信心+努力=成功！”

秦和嘴里安慰着大家，心里却也是五味杂陈。她静下心来思考，给自己鼓劲说，办法总比困难多，守株待兔可不是长久之计。公司新成立，没有名气，没有影响，不知道客户在哪里，客户也不知道长春有了这样一家专业的华侨翻译公司。

秦和的精细作风，从这里开始，在她办学的历程中每每发挥作用。她打定主意，坐等不如上门，要找到客户集中活动的地方，上门推销！她开始放眼寻找那些需要翻译业务的机构和人群。

秦和的不同经历照旧帮了她大忙。她不再是那个每天只对着一群孩子的英语老师，她在国际化环境中培养了全球视野，并跻身于国际经济往来的各种事务中。此时，她知道通向客户的路在哪里，信息资源至关重要，于是熟人关系、黄页电话、报刊资料，都利用起来。

一段时间之后，秦和得知省政府要召开全面招商引资的会议。她心里豁然开朗，有了主意。经熟人介绍，她走进省招商局的会议室自我介绍并说明原由。大家面对这位勇敢、干练的女孩问：“你需要政府做什么呢？”秦和眼睛一亮，简洁、智慧地回答：“请给我一个机会，在会上作10分钟发言。”

不知道这10分钟的讲话最终带来什么结果，秦和的精细作风再次发挥作用：参会的单位来自哪些行业？做什么样的业务？参会代表担任什么职务？此次带来哪些项目，或者希望得到什么收获？怎样去得到这些信息？秦和黑亮的双眸遥望远方，凝神思考。

1993年的全省招商引资会议，"招商会"给了一名普通"年轻人"上台发言的机会，因为这个"年轻人"舍弃优渥的工作和稳定的收入，立志创办外语学院，为国家强盛走向世界培养外语人才。那一天，秦和的发言让在场代表记住了她和她的翻译公司：吉林省华侨翻译公司。

这珍贵的10分钟，助推华侨翻译公司走上了一条快速发展之路。开业第一天三块多钱的营业额让秦和认识到，翻译公司低起点、慢节奏、守株待兔式的发展，绝不是自己能耗得起的。人生已经走完近30年的历程，而她要创建的是百年名校，就是倾一生之力奉献给这所学校，她选择了只争朝夕，忘我奋斗，与时间比拼。

华侨翻译公司工作场景

很快，斯大林大街100号知名度日升，秦和的公司以英、日、俄、韩等几种语言互译为主要经营方向，打开了吉林省发展经济对外联系的窗口。

翻译公司的发展并非一帆风顺，业务少时要亲自出去找业务，业务忙时要加班熬夜赶进度，个中艰难和曲折只有秦和自己知晓。尽管异常辛苦，秦和依然百折不挠，因为她心中的梦想和信念一直支撑着她，那就是要办一所大学，一所中国的百年私立名校。

尽管那时这个梦想听起来不切实际，看起来虚无缥缈，但正是这种梦想和信念支撑着她，引领着她，让她矢志不移，完成了翻译公司的建设和发展，为办学积累了第一笔资金，也开始了她百年私立名校梦的艰难起步。

抢抓机遇　艰难孕育

20世纪50年代，人类经过了两次大战的浩劫，重新进入了以和平发展为主题的一个新阶段，高等教育也迎来了一个发展的大好机遇和时期。各国经济在飞速发展的同时，高等教育也在加速发展。

20世纪90年代，世界上许多国家和地区进入了高等教育大众化阶段。德国、英国、法国和意大利的高等教育都经历了快速增长期，中欧和东欧国家步入新的增长期，发展中国家的高等教育规模迅速扩大，到20世纪末，高等教育大众化已成为了国际趋势。

1992年，我国开始推行市场经济体制改革，重新树立了一种新的开放姿态，改革开放的步伐由此进一步加快。中国经济的快速发展形成了对人才的巨大需求，也在很大程度上助推了中国高等教育的大众化进程。中国的高等教育在多种因素助推下，也赶上了这一全球性的趋势。民办大学从无到有，从小到大，从无序到有序，从低层次到高层次，逐渐成为高等教育的重要力量。

与此同时，秦和的翻译公司生意日渐红火，成为长春市最大的翻译公司。在这种背景下，已经创办翻译公司并顺利起步的秦和并没有满足于翻译公司的成功和发展所带来的欣喜，她始终没有忘记她的梦想。她时刻密切关注着民办大学的发展进程，敏锐地把握着我国民办高等教育发展的大好机遇。

日子过得飞快，公司开张八个月后迎来了1994年春节。春寒料峭，北国长春还是一片冰雪世界，然而秦和的心已经一片火热。就在这个月，国家教委首批准予6所民办高校兴办高等专科学历教育。其中，不仅有已经创办10年的黄河科技学院，还有创办仅一年半的上海杉达学院。秦和备受鼓舞，决定迎头赶上！

秦和深深懂得，要办学，尤其要办一所民办外国语大学，必须把握教育规律，学习先进经验，争取高标准起步。为此，她在阅读了大量高等教育书籍的同时，于1994年下半年亲自到北京燕京华侨大学、吉林大学、吉林工业大学、东北师范大学等十几所高校学习办学经验，到科研单位、外资外贸企业调查市场需求，到日本国际外语学院、新加坡京城外语学院实地考察，深入了解国内外民办大学办学情况。通过学习和实地考察，在秦和的心中形成了未来学校的基本框架：一是学校规模不能过大，一定要办成“精品学校”；二是办学既不能照搬国外，也不能效仿国内，要走自己办学的特色之路；三是学生要品格端正、行为规范，基本功扎实，综合素质高。

年末，有了一年多经营管理经验和一定资金储备的秦和，在明确了办学思路之后，开始为办学的批件奔忙。

第一次到省教委，秦和简明扼要地谈了自己的想法和目的。她的满腔热诚和雄心大志，令在场的人惊奇不已。其时，中国已经获批的几所民办高等学校，大多是知名学府退休教授联手创办。而年纪轻轻的秦和不仅要办大学，还带来创建百年名校的顶级目标。如果批准秦和建校，她将成为新中国历史上最年轻的民办大学校长。惊奇归惊奇，眼前这个小女子有没有能力创建并领导一所大学，对教委的同志们来说，还是一个问号。

临近春节，秦和又跑到省教委，谈起自己为梦想而付出和放弃的一切，这一次又让在座的所有人感动。一位女处长拉着秦和的手说："小秦，我们会尽力帮你的。回去好好过这个年，过完年就会有结果的。"

那是让秦和最难熬、最难忘的一个春节。从1月29日除夕到节后上班，七天的假日从来没有让她觉得像1995年春节那样长。国际新闻中不断播出关于世界贸易组织和欧盟的报道，经济全球化的进程在秦和视野中变得逐渐清晰。

1995年的开端，注定对未来全球经济贸易格局产生重大影响。随着全球货物贸易、服务贸易，技术贸易的加速发展，经济全球化促进了世界多边贸易体制的形成。1月1日世界贸易组织（WTO）的成立，预示着国际间经济合作和往来的日益增多，以及国际化人才的日渐紧缺。同日，奥地利、芬兰、瑞典加入欧洲联盟，欧盟成员国扩至15个。20 日，就中国向欧盟出口纺织品等问题，欧盟同中国达成一系列协议。这一成果来之不易，经历了五轮10 个月的谈判。

秦和仿佛看到了各行各业对懂专业的外语人才的殷切需求。这些消息刺激着她的神经，勾起她对心中那幅蓝图的憧憬。

窗外白雪皑皑，红墙屋顶在阳光和白雪的映照下，闪耀着明亮、洁净的光芒。笔直宽阔的斯大林大街，纵贯南北，经由宽城一路向远方延伸。秦和不知道未来的路要走多远，但她明白，只要努力，自己踏上的这条路一定会成功的，于是她决定一往无前，不再回头。

天空湛蓝，路边的雾凇和着白雪红墙，组成了秦和最喜爱的彩色世界，明净、亮丽，充满活力。她久久伫立在窗前，遥望远方，凝神遐想。

天时地利　顺利启航

1995年的春节，秦和在忐忑不安中数着日子。她再三研究国家的政策，国家教育委员会颁布了《民办高等学校设置暂行规定》，规定中指出“民办高等学校是我国高等教育的组成部分”。国家“积极鼓励、正确引导兴办民办高等学校，维护民办高等学校的合法权益”。这说明我国民办高等教育春天的到来，也给她带来了机遇、带来了希望、带来了信心。

而综观本地，吉林省尚无一所成型的民办外国语学校，就是公办学校外语院系开设的外语语种也满足不了经济社会发展的需要，这说明民办高等教育有着很大的市场潜力。有政策的支持和市场的需求，获批应该问题不大。尽管如此，秦和还是焦虑得茶饭不思，夜不能寐。

1995年春节刚过，年后上班，秦和接到教委的电话：批件下来了。

秦和激动的心情无法用语言来形容。她不记得当时怎样出的门，压根没有意识到自己忘了检查刹车。天空飘着小雪，她开着车，一路心潮澎湃向省教委驶去。在即将驶上繁华的斯大林大街时，她踩刹车减速，却发现刹车失灵，车子停不下来了。冷汗顿时浸满额头。来不及多想，她立马将车变道，变过来这边车道上有车，眼看要撞上了，急打方向再变道，前面还是有车！

车窗外闪过人们惊慌的面孔。秦和心一横再打方向，车对着路边冲去，轰地一声撞在花坛上，不动了。还算好没有受伤。就在她抱着方向盘惊魂未定时，窗外跑来一位警察，冲着她一声怒吼："开的什么车！"秦和还没回过神来，忽然又听到他喊道："怎么是您？秦老师！"定睛看去，这位警察竟是她以前教过的学生。秦和大喜，二话不说，把车交给学生处理，自己挥手打车向教委跑去。

当秦和赶到教委时，一句没提路上发生的事。直到有人发现她脸色不对，问道："你的脸色怎么这样苍白？"秦和才将刹车失灵撞了路边花坛的经过说了出来。在场的人听了不禁称奇，如此专注、忘我、临危不乱，是个经得起大事的人！那位女处长爱怜地拍拍她，拿出批件，放到秦和的手上。

秦和激动地看着批件上鲜红的大印，双手忍不住地颤抖。这一纸文件，就是她蓝图落地变成学校的出生证。华桥外院的孕育从此开始！心潮澎湃的秦和，抱着批件，一步步从九楼走了下来。和来之前忘记检查刹车一样，她又忘了乘电梯。

秦和至今仍记得批文中的几乎每一个字：根据国家教委教计

（1993）129号《民办高等学校设置暂行规定》和教成（1994）13号《关于社会力量举办的非学历高等教育机构名称问题的批复》的规定，经研究，同意成立民办吉林省华侨外国语专修学院（筹建）。学院性质：属社会力量办学性质的非学历教育学校；学校法人代表秦丽娟（秦丽娟系秦和院长原名，1995年通过长春市自由大路派出所改为现名）；设置专业方向：开展外国语教育；招生范围及对象：省内招生，对象是在职人员及高中后的待业人员，不准招在校生；学习形式及年限：全日制脱产学习二年；学院所需经费、人员：自行解决；收费标准：必须严格按照省物价局规定的收费标准执行。省教委在《批复》中要求学院在办学过程中严格执行社会力量办学的有关文件规定，坚持社会主义教育方向，全面贯彻国家教育方针，全面提高教育质量，为吉林省经济建设和社会发展培养人才。

有了批文，秦和的百年私立名校圆梦之旅终于正式拉开序幕。

梦的启航

“自古以来，凡是成就大业的人，必有坚韧不拔的意志和远大的志向。志向就是目标，但只有远大的目标是远远不够的，还需要矢志不渝地去实现它。如果想获得真正的成功，最关键的因素是要付出巨大的努力。”

——秦和

万里征程　始于筹建

省教委的批复，标志着吉林省华侨外国语专修学院开始了全面的筹建工作。尽管跑筹资、跑批文很辛苦，但是获得批文只是万里长征的第一步，获批之后，更多的问题接踵而来。

学院要实行怎样的领导体制？设立哪些办事机构？开设哪些专业？需要哪些手续？校址选在哪儿？怎么招聘教师？购买哪些设备？为了回答这一系列问题，秦和冷静思量，对学院进行了整体规划。

第一，确立了学院领导体制：是隶属于吉林省华侨联合会的一所多语种、外向型民办高等外语学院。学院实行院长负责制，院长秦和。

第二，内设办事机构：本着“人员精干、机构适宜、讲究效率”的原则，学院下设院长办公室、教务处、总务处，各处负责人由院长任命，各类人员都制定了岗位职责。

第三，根据学院的办学条件和市场需求，确定招生专业和学制年限及培养目标和办学形式，即英语二年制专科，专业方向：国际金融；日语二年制专科，专业方向：旅游；英语专业（中专），系与吉林省职业技能开发学校联合办学。培养目标是：为改革开放事业培养具有爱国主义和国际主义精神，精通外语、谙熟管理且掌握现代化办公手段及涉外事务知识，综合素质高的实用型、复合型人才。办学形式：全日制自考助学，学期结束经考试及格发给结业证书，自学助考单科结业、全部成绩合格由主考院校和省自考委颁发学历证书，国家承认学历。

第四，办理办学审批手续：包括吉林省社会力量办学审批表、吉林省社会力量办学批准书、吉林省社会力量办学许可证、吉林省社会力量办学招生广告审批表等。

第五，租赁办学校址：暂定长春市春城大街16号（吉林省劳动保护教育中心教学楼和宿舍楼），占地面积1万平方米，建筑面积4 000平方米，设有大小教室9个，语音室2个，学生宿舍、食堂等。

第六，聘任专职、兼职教师：根据办学规模和教学需要，聘任兼职教师40人，专职教师9人，外籍教师3人，行政管理人员11人。

第七，购置教学仪器设备。用88万元购进美国IBM公司生产的一流语音设备，装备两个语音室，采用全封闭、超静

秦和在租用的校舍内办公

技术，可在语音室内录制高档镭射光盘。用10万元购置韩国系列健身器材若干套用于体育教学。通过购买、租借、交换、赠送等方式，取得英、日、俄、韩原版图书资料1 600册。

办学是一场没有终点的接力赛。在短短几个月的时间内，秦和全身心地投入，带领着她的团队，用她们的执着、专业和热情付出，克服了一个又一个难题。

端庄办学　三项承诺

在紧张的筹建学校工作开展的同时，一个问题始终在秦和的大脑中盘旋：到底我们要办一所什么样的大学？我们的大学要树立一个什么样的形象？我们能为学生带来什么？为了回答这些问题，秦和认真思考了学校的地域特点，考量了当时的时代背景。她确定了要建立应用型大学的定位，并逐渐形成了端庄办学的理念。对于端庄，秦和有着自己的阐释。在她看来，端庄办学意味着学校要有教育的形，要有教育的样。

1995年5月，学院的筹建工作基本完成。学校有了，教师有了，接下来就是招生的问题。这是学校第一次招生，直接关系到办学的成败，秦和必须全力以赴。

为此，秦和研究了当时民办教育机构所采用的各种招生办法，结果发现那些通行的办法都无法达到她的目标。追求完美的天性，开始左右她对生源的选择标准。普林斯顿和巴黎高师，这两所以“精品”出名的学校，培养品质都是从生源的严格筛选开始。而国内的现实情况是，1994年国内高考录取率刚刚突破20%，1995年能提高多少还无从知晓。初生的“华侨外国语专修学院”还没有学历教育资格，只能办自学助考式非学历教育，这样一所名不见经传的新办学校，想以全球顶尖大学的标准来选择学生，肯定是不现实的。

现实生活中的秦和是务实和精细的。她反复问自己三个问题：

一、那80%的落榜生中，哪些学生既具备学外语的条件，又愿意来念自学助考？

二、我的新学校，一定只能被学生选而不能选学生吗？

三、和其他同类学校比，我们的优势和特点是什么？能吸引哪些类型的学生报考？

反复研究和权衡之后，秦和下定决心：要么不做，要做就做到最好。她脑海中的作战方案逐渐清晰起来：

——学生：宁缺毋滥，遴选可造之材。合格的学生必须同时具备四个条件：强烈的学习意愿，良好的行为习惯，较强的英语学习能力，一定的知识面和语言文字基础。相应的方法，是每个学生都必须经过华侨外院的三轮考试：先面试，再口试，最后笔试。

——学校：与其他自考助学机构相比，华侨外院的教学和教育更像一所正规的大学；与正规大学相比，华侨外院的师资和培养模式更接近国际水平。以外教主讲、小班授课为教学特色，以半军事化的封闭式管理为保障，确保学生以最好的身心状态，在最有利于成长的环境下完成学业。

思路明确了，秦和心里更不踏实了。追求完美、细之又细的"毛病"持续发作，"不行，我不能守株待兔地坐等学生上门。"秦和看着窗外萌发绿意的大地，突然想到"一年之计在于春"的古训，不由得眼睛一亮：一春之计在招生！我要发动宣传攻势，深入高中，深耕细作！

想到这里，秦和兴奋得站了起来，来回走动，脑子里迅速计划着第一步，第二步……同类学校都会直接到各所高中去做落榜生的工作。他们能做的，我们也能做。在关键的事情上，他们做一分，我们做十分。她走到儿子身边，看着正在做作业的儿子，满脸爱怜。"等我的荀荀也要上大学了，我会期望他去怎样的学校？"秦和脑海里迅速闪过一连串熟悉的校名和她梦里萦绕的校园，继而联想到自己的学校，"学生会怎样把我的学校与其他同类学校想比较？"

秦和不断问自己，心里再次被一个念头点亮：一切从学生出发！这才是制胜的根本。学生培养得好，就业能力强，学校就会形成好口碑，招生自然会一年比一年好。

秦和的策略是应对了当时的情势的。民办大学发展之初，办学机构中以牟利为经营目标的为数不少，导致民办高校口碑不好。只要钱，不讲质量；师资频繁更换，教学内容不规范等等。原因多样，有的是办学之初，摸着石头过河；有的是通过压低成本来完成原始积累。最典型的是，以短期利润这个单一的市场标准来衡量办学水平，架空了教育教学评价标准。这些已为人们熟知的问题，恰是秦和打造自身优势的突破口。

几年经营翻译公司的经历，已经让秦和体验到控制成本对持续经营有多重要。人才培养是慢工细活，历经四个春夏秋冬出炉，想在职场中形成好口碑，至少还要三到四年。正因为这一点，很多民办教学机构在发展之初才如此急功近利。

秦和心里清楚，她的目标是精品人才、百年名校，所有人财物力必须围绕这一目标来使用。她明白此时此刻自己的处境，资金困难，处处捉襟见肘，要想保持不为短期利益迷失的定力，办学的终极目标一刻也不能忘。市场运作是必要的，遵循人才培养规律也是万万不能舍弃的。学校培养的对象是人，人本来就是复杂的主体，每个个体又千差万别，明确的标准、精选的过程，都是不可替代的。

那么，秦和微薄的财力和偿债期限，能让她按理想的标准支撑七八年吗？创业的秦和，决定按自己的方式寻找属于华侨外院的学生。

一番策划之后，她把招聘来的20位老师全都发动起来，出去做招生宣传。秦和自己也在市里的高中一家一家地跑，和各高中的校长见面，调查生源情况，做招生宣传。

虽然是助学机构，秦和却大胆地向社会给出了四个对得起的承诺：一要对得起学生的时间，二要对得起家长的信任，三要对得起社会的关注，四要对得起教育者的良心。

之后，秦和借鉴国际名校的方法，对报名的学生进行入学考试。面试、口试、笔试，三轮考试结束后择优录取。在当时的助学机构中，这种做法令人耳目一新，给考生和家长留下了与众不同的印象。功夫不负有心人，经过三轮考试后，学校招到了第一批学生247人，其中大多数是高中毕业生，少部分是从社会上招的自考生。

吉林省华侨外国语专修学院的学子与外教合影

这个数字超出了很多人的意料，老师们欢欣鼓舞。秦和暂时松了一口气，开始考虑下一阶段可能遇到的困难。她不敢因为招生顺利而沾沾自喜，因为学校以市场需求为导向设置专业，定位于为经济建设培养实用型外语人才，受到社会和家长的认可，是首次招生成功的关键原因。真正要留住考生和家长的视线，一届一届形成好的口碑，还要靠办学质量。学生一旦进了校门，怎样创造条件让他们三年如一日保持良好的学习状态，怎样打磨教学让他们接受科学合理的培养，后面要做的事情还很多。她必须不打折扣地兑现四项承诺。

1995年9月4日是华侨外国语专修学院大喜的日子，这一天是学校的诞生日，是首批新生报到日。校园内彩旗飘扬，到处充满喜庆的气氛，显示着这所新诞生的外国语学院的青春活力和蓬勃向上的精神面貌。

清晨，247名新同学，迎着9月的朝阳，带着家长的嘱托，怀揣着个人的梦想，步入了这所年轻的校园，开始了大学的生活，也标志着吉林省华侨外国语专修学院正式开始了为国家培养人才的光辉历程。

建章立制　精益求精

新诞生的华侨外院工作千头万绪，百业待兴。面对庞杂的事务和纷繁的挑战，秦和沉静下来，静心思考，细细思量华侨外院的顶层设计。

以华侨外院初创阶段的办学条件，以社会对民办大学既需要又不信任的认知，一所民办外语学院要获得社会认可，必须在总体设计中考虑哪些关键因素？

秦和心中的蓝图要在现实国情下落地、生根、发芽、开花、结果，各个阶段都要针对当期的社会生态与时令，在顶层设计中体现“接地气”的原则。针对初创阶段华侨外院所处的发展环境和时代特点，秦和从四个维度进行研判：

其一，专业属性。华侨外院的外语类专业属性，决定了华侨外院必须于起步之时就遵循国际化的标准，教学模式的国际化、文化交流的开放性，以及对国际经济交往和国内外向型经济建设的服务性。

其二，地域特点。华侨外院地处东北，长春是东北的文化教育中心，国家科教名城，拥有深厚的人文历史传统和多元文化基因，华侨外院应立足东北，面向东北亚地区，进行人才培养方向的精确定位。

其三，时间进程。1995年中、俄、韩、朝、蒙五国签署协议，共同建立东北亚和图们江经济开发区；1996年民生银行成立，中国银行业改革，开启民营资本和融资渠道试验田；香港回归在即，将促进外向型经济进一步发展。综上原因，经济领域对复合型外语外事人才的需求持续增长。

其四，体制因素。新中国的民办大学刚刚起步，办学质量和水平尚需时间积累，在资金、人才、管理等各方面，都还不具备与公办大学竞争的实力。在品牌未成的情况下，必须靠特色开拓市场、靠质量赢得声誉，靠毕业生建立口碑。

基于这些思考，华侨外院创建初期的发展道路体现出鲜明特点：高起点、高标准、精品化。打造国际化品牌，从起点开始，坚持不懈吸纳国内外办学经验；着眼于市场需求，发掘新的培养热点；实施与国际接轨的教育教学管理。

据此，秦和提出了四个第一的奋斗目标：生源质量第一、学院管理第一、教学质量第一、毕业择业质量第一。

从1995年招生起，华侨外院就打出“外教主教、小班授课，综合培养，全程管理”的口号，并在开学后的教学中一一兑现。

首次招生成功，学院开始正式运作之后，秦和就一直在贯彻她的顶层设计的办学理念和精益求精的办学思路。她认为，首要的是建立正常的教学、工作秩序，使学校的各项工作走上健康发展的轨道。于是她从建章建制入手，开始建立正常教学和工作秩序。

吉林省华侨外国语专修学院校门

1995年9月，华侨外院先后制定了《吉林省华侨外国语专修学院章程》《吉林省华侨外国语专修学院财务管理制度》《关于学籍管理的规定》《关于遇到紧急情况采取相应措施的有关规定》等一系列文件，这些规章制度对稳定建校初期的教学、工作秩序起到了重要的作用。

1996年1月，学院出台了《关于建立学院领导听课制度的规定》，指出学院领导要强化以教学为中心的意识，经常深入教学第一线，坚持听课。通过听课，了解教学情况、师生思想情况和学院教学管理情况，掌握第一手资料，从而做到有针对性地加强对教学工作的领导和指导。同年3月制定出台了《关于制定教学大纲的规定》，指出教学大纲是各门课程进行教学的具体依据，是指导教学的基本文件。各门课程都应按照教学计划的要求，根据总的培养目标和规格制定教学大纲。并对教学大纲的结构、内容、质量标准提出了明确的要求。同年10月又制定了《吉林省华侨外国语专修学院教学过程组织工作条例》，对教学日历的制定、教学任务的下达、教师任课资格的审定、排课工作规程、临时调课规定、教学纪律与教学检查、教学事故处理、学生成绩管理等都作了明确的规定。这三个教学文件是学院开展教学工作的纲领性文件，对稳定和建立正常教学秩序起到了重要的指导作用。

在这三个文件的指导下，学校依据国家自学考试的方针政策，充分发挥民办教育针对性、实用性、灵活性和职业性强的特点，积极进行教学改革和教学研究，认真组织教学工作。

第一，以严谨、严密、严格的态度，以科学实用为标准，以职业综合素质培养为方向，制定了教学大纲和教学计划，做到结构科学、合理、可行。学校是以外语教学为主的教学单位，各专业除巩固外语基础知识教学外，注重培养学生的外语交际能力，同时开设配套的实用型课程，以此拓宽学生的知识面，提高学生的综合素质和就业能力。

第二，在教学过程中，坚持外教主讲、小班上课、强化听说、突出特长、全程管理、综合培养的教学模式，即外语主修课由外籍专家、教师主讲，并采取小班授课形式，为学生提供更多的外语听说训练机会。与此同时，由语言好、水平高、经验多的国内教师作外语辅讲，使外语教学在基础知识、听说训练方面同步进行，有效提高了学生的学习兴趣和学习质量。

吉林省华侨外国语专修学院外教小班授课

第三，严格教学管理。认真贯彻落实学院制定的《教学过程组织工作条例》《教师工作规范》《教研室工作暂行条例》《关于加强期末考试工作的规定》《学生成绩考核与管理工作暂行条例》等多项规章制度，用制度规范和管理教学工作，保证教学工作顺畅进行。与此同时，还采取检查教案，互相听课，开座谈会，举办公开课，定期、不定期地抽查教师的备课、授课情况，定期召开全院教学会议，对教学效果好的教师给予表彰、奖励等方法，激发教师的责任感、责任心，使广大教师全身心地投入到教学工作中。

在学生管理方面，突出自考特点，实现封闭式管理。1995年至1998年是学校自学考试阶段，由于生源质量不高，且学生年龄小，学习自主性差，同时还要通过国家自学考试，取得毕业文凭。针对这种情况，学校实行"全日制、全过程、全住宿"的管理模式，对学生从严管理，实行全时教育。学校设置学生工作办公室，隶属院长办公室领导，负责全校的学生工作。每周设置一名总值周老师，各班配备了辅导员，宿舍安排了舍务老师，学生一天24小时有人管，学习、生活的各个环节有人负责，针对学生在学习、生活中出现的问题，及时采取措施，妥善处理。为了配合各科的自学考试，帮助学生顺利通过考试关，各班辅导员分别从本班的实际情况出发，召开班会、座谈会、学习经验交流会，对学生进行深入、细致的思想教育工作，指导学习方法，以此提高学生学习的自觉性。

这些制度的贯彻落实，保证了学校的正常教学秩序，也使学生的思想认识水平得到提高，行为得到了规范，形成学习的内在动力，从而促进自学助考得以顺利进行。

学校在规范学生行为的同时，还积极开展丰富多彩的校园文化生活。每周开展外语角活动，经常举办英语故事会、英语朗读比赛、英语模仿比赛、英语演讲比赛、英语短剧表演等，以此培养学生对英语学习的兴趣，提高口语表达能力。为了鼓励学生努力学习，积极进取，学院还对品学兼优的学生给予表彰奖励，受奖面达到40%，还对家庭困难的学生发放助学金。所有这些措施，大大激发了学生的学习热情，促使他们各科的自考成绩都有很大的提高。

顶层设计的实施，规章制度的建立，使学校的各项工作有章可循、有法可依，为建校初期建立和稳定正常教学、工作秩序提供了制度保证，使学校在制度化、规范化、法制化的轨道上迈出了坚实的一步。

在整个过程中，秦和始终也没有忘记对学生许下的三项承诺。虽然是助学形式，但秦和没有把自己的学校看成是一般的助学机构。在她的心目中，华侨外国语专修学院是大学的起点，是秉承大学精神和办学理念，培育新型外语人才的基地，更是培育学生良好品格、专业和职业能力的平台。

1995年末，第一学期快要结束时，学生们举办了一个English party，这既是一个联欢会，也是同学们作为半年来教学成果的展示。当秦和看到同学们在舞台上表演得那么认真，那么可爱，看到大家短短的三个月时间里就能完成这样一台英语晚会，她的眼里噙满了泪水，心情无法用语言来表达。刹那间，办学过程中的种种困难浮现在脑海中，她感受到了有生以来最大的压力，也深切感受到了辛勤付出之后的成功和喜悦。秦和暗下决心：再苦，再难也要为学生创建自己的家园。

多元筹资 建舍立校

办学需要资金，这是一条基本的教育规律。学校要建设、要发展，资金的需求量很大，在学校创办之初，资金问题始终是困扰着秦和的一个难题。

经过1995年一年多的办学实践，秦和更加深切地感受到，靠租借校舍办学，开展自学助考非学历教育，远远满足不了国家高等教育事业、尤其民办高等教育事业发展的需要，这是实现学校办学宗旨的最大障碍。她决定自筹资金，建设自己的校园，创造条件争取省、国家教育主管部门同意开展学历教育。为此她开始了筹资建校的艰苦创业。

古往今来，私立学校建校初期，都会有资金筹措的问题。世界顶级名校哈佛、牛津等学校也都经历过初期的财政困难。秦和创建华侨外院的过程也不例外。她对钱产生出从未有过的强烈饥渴。只是现在，她面临的困难不是流动资金短缺，而是怎样尽快建立起独立的校园。

建设新校舍需要几千万元资金，秦和走上了艰难的借贷和筹资之路。学校初建，一下贷不到那么多钱，和银行建立信贷关系，还需要一个过程。秦和必须走其他的路筹集资金。其时，国内许多办学机构都采用了合资入股的方式，秦和已经选择了自己创业，独立办学，如果接受投资，她可能面临是否退回原路的选择。

世界著名私立大学的成长规律证明，教育只有作为公益事业来做，才能基业常青。秦和不想放弃守护办学理念和教育规律的权利。不搞校办产业，不接受投资性的注资，不希望教育成为商人获利的手段，不愿意失去教育的独立性。

秦和坚信，她创办的学校是一所社会的学校，完全可能向社会筹资，但是那时的华侨外院像一个刚发芽的小树苗，没有能力，也不大可能获得社会的支持。

在中国国情下，办纯粹教育的路到底能走多远？她心里没底。四个承诺已经出去，她不能对这批投华侨外院第一票的学生和家长食言。小班、外教授课，教学楼，语音室，学生宿舍，教学、生活，一切的一切，都应该正规，追求质量，不考虑成本。

秦和追求完美的性格，一种没有条件创造条件也要上的心劲，使她在作出决定后饱受困难的折磨。为了兑现给社会和家长的四个承诺，为了办学的独立，在1995年到1998年几年的时间里，秦和为借钱东奔西走，伤透脑筋。有时她真希望自己就是那一块块的红砖，可以一层层垒起高楼大厦。她一笔一笔地跑贷款，一层楼一层楼地筹集资金。

就在这样不辞辛劳的过程中，秦和身边有几家企业和建筑商，看好办学带来的商机，看好秦和的经营能力，一直有心投资入股她的学校。秦和考虑再三，宁可向他们借高息资金，也始终没有答应他们投资入股。

就这样，秦和从建校之始，就将企业和商人捞取办学利润的想法堵在了校门外。这一份纯粹，在其后的“教育产业化”潮流中显得有些“另类”，也让许多人至今不能理解她的这份“傻”。

最终促成新校区动工的，还是因为秦和的“人和”。在办学之初，朋友们和外人一样，对她的理念和梦想并不十分理解，但是看到她为了创办学校而东奔西走，为了保持原则而不接受投资，为了追求梦想而像“疯子”一般执着，便为她的这种精神和理念所深深感动，纷纷解囊相助，支持她办学。

秦和用自己坚定的理想信念化解了家人的担心，用自己执着的不懈努力感动了朋友，也用自己无私的办学理念感化了银行，从银行争取到了一批批贷款。

在秦和的积极奔走和不懈努力之下，多元筹资局面已经初步形成，资金的难题暂时得到缓解。到1996年初，秦和已筹措建校资金2 000多万元。于是她在长春经济开发区卫星路西端征得土地4.3万平方米作为新校区校址，并开始建设自己的新校园。

1996年3月15日，华侨外院的新校舍在长春市卫星路上破土动工。

吉林省华侨外国语学院卫星路校区规划图

为了保证工程的顺利进行，秦和每天都在银行和工地之间往返，一方面敦促银行及时放贷，一方面又监管施工按时开展。有一天，银行的贷款因故没有如期放贷，工地老板以停工相威胁，秦和再次前往银行交涉。她一个人坐在出租车里，随车走了一个半小时的路程。办学以来经历的坡坡坎坎，一一涌入她的心头。她仿佛又回到了她执教的英语课堂，学生们快乐学习的笑脸；她又回到马尼拉亚行总部那幕令人无语的场景中；她看见翻译社第一天那3.78元的营业额；还有母亲双手捧着的那一生的积蓄；她仿佛又看到几个月前Party上学生们可爱的模样，以及跟随她办学的老师们眼中的期望……

秦和的心被触动了，融在血液里的教育梦和长在骨子里办学情结，此刻汇聚成一股力量，她变得前所未有的坚强。她的脑海里浮现出这样十六个字：心静如水、心明如月、心宽似海、心坚如钢。

卫星路校区破土动工时秦和执锹挖土

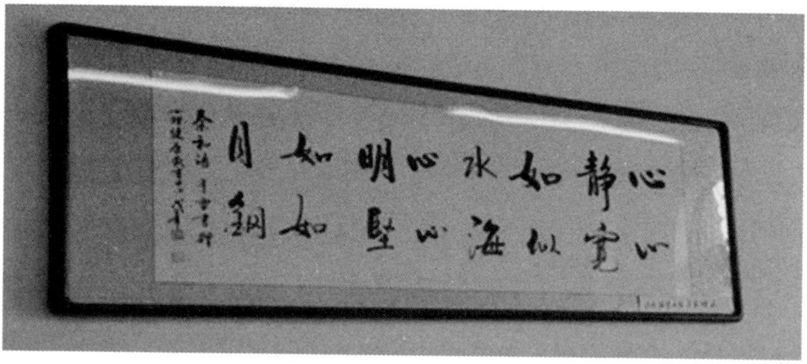

心理健康教育中心墙上悬挂着秦和的“四心”感悟

她默默地咀嚼着这十六字，将它们埋在了心底。之后的岁月里，这“四个心”一直激励和推动着秦和不断地去克服一个又一个困难。后来,她的学生将这“四个心”写成一幅书法作品，悬挂在学校的心理健康教育中心。

1996年8月25日新校舍竣工，9月1日投入使用，创造了当年施工、当年竣工、当年投入使用的“深圳速度”。

创业初期，一切都靠自己的双手，1.6万平方米校舍的装备和清洁工作，秦和带头，与全体教职工一起，只用了六天时间就完成了。那六天，没日没夜地工作，清理建筑垃圾，安装教学设备，秦和的脸晒脱了皮，手也磨出了血泡。

1996年9月，全校师生搬迁完毕，顺利地进入新校园，从此结束了租借校舍办学的历史。广大师生兴高采烈地在自己的新校园里工作、学习和生活。

搬进校园的那一刻，秦和说了这样一句话：“盖楼经历的一切，使我再也不怕任何困难。”

1996年10月30日，学校举行新楼落成典礼，秦和以激动的心情，在典礼上发表了热情洋溢的讲话：

秦和在卫星路施工现场

“吉林省华侨外国语专修学院经过一年的艰苦创业，于八月末从原来临时租用的旧校舍迁至到现在属于自己的具备现代化教学条件的新校园，作为学院院长，能为在校师生创造一个良好的教学、学习和生活环境是我的夙愿，今天，这个夙愿终于实现了，我的心情非常激动，这离不开社会各界对我院的关怀和支持。我代表全院师生感谢省政府、省教委、省外办对我院办学兴教的大力支持，感谢省财政、省农行、省地税、省物价对我院建设、成长的关心和帮助，感谢施工单位双德乡敬老院建安建筑公司通力合作，在较短的时间内保质保量地完成施工任务。华侨外院将以此作为新的起点，用我们极大的工作热情，努力办出华侨外院的特色，风格和水平。

我院以培养实用型、外向型、复合型外语初、中、高级人才为主要任务，重点培养涉外部门的管理人员和翻译人才，他们不仅精通外语，还掌握从事管理、贸易、国际交流的专门知识及现代化办公手段，并具备良好的心理素质及公关意识。为此，我院在教学计划、教学进度、教学手段上做了周密的安排，在师资配备、教学质量、教学管理上加大了力度，能把我院学生培养成为社会栋梁之才是我院全体教职员工的共同心愿。

各位来宾，建院一年来，可以说我们的事业才刚刚起步，面临的困难和存在的问题还很多，还需要全体师生继续努力，更需要社会各界的继续支持，我们华侨外院将再接再厉，不辜负大家对我们的期望，在党的教育方针、政策的指导下，在各界人士的关怀、支持下，不断开拓进取，以全体教职员工无私的敬业和奉献精神，为社会输送品学兼优，博学多才的实用型、复合型外语人才，以我们一流的教学设施、教学管理和一流的教学质量，努力把华侨外院办得更有成绩、更有特色、更有前途，并为把华侨外院办成吉林省乃至中国的名牌民办高校，献出我们毕生的精力。”

此后，为了华侨外院的学生有一个好的学习环境，1996年至1998年秦和连续三年筹集资金投入建设，先后盖起了教学楼、行政楼、外教楼和学生住宿楼，以及食堂、运动场等，建设语音室、微机室、校内卫星接收设备、图书馆，电子阅览厅……校园环境优雅，教学设备先进，生活设施齐全，极大地改善了学校的办学条件。

1998年的吉林华侨外国语专修学院已经初具规模，校园面积5万平方米，建筑面积4万多平方米，园内紧凑的楼宇布局，白色的贴砖外墙，显得十分精巧雅观。

没有人细数秦和的付出，只有她自己心里明白，那一切的一切，正是她的理想，是她的生命，是她的生存价值所在。

吉林华侨外国语学院校门

学历教育　奠定基础

1997年7月，国务院发布了《社会力量办学条例》，鼓励社会力量办学，维护举办者、学校及其他教育机构、教师及其他教育工作者、受教育者的合法权益，促进社会力量办学事业健康发展。

依据条例的相关规定以及当时的办学实践，民办教育的发展通常都要经过几个阶段，大多是从培训做起，从助学做起，再向学历教育发展。秦和带领的专修学校也是以非学历教育起步，但是她始终没有忘记自己建立百年私立名校的目标和梦想，因此，她在学校发展壮大过程中不断积蓄力量，时刻为更高的目标做着准备。

时光在忙碌中不知不觉前进到1998年。

经过两年多的办学实践，秦和意识到，作为外向型的民办外语类高等院校，可根据市场经济和对外贸易发展的需要，及时设置社会急需专业，合理调整知识结构，急社会之所需，增强办学活力，促进学校发展。然而，实用型人才综合知识培养的合理性与自学成才考试的计划性存在着相当大的矛盾，而解决这个矛盾的唯一办法就是让学校迈上一个新的台阶——进行学历教育。

1998年初，秦和向吉林省教委呈报了《吉林华侨外国语专修学院关于参加高等教育学历文凭考试试点的请示》，请示中对学院的创建过程、办学条件、培养目标、内设机构、师资队伍、生源情况、教学管理、学生管理、发展前景作了说明，最后希望省教委来院考察、评估，尽快尽早地帮助学院解决非学历教育与实用性综合能力培养之间的矛盾，开展国家学历文凭考试试点，以使学院摆脱自学考试的禁锢，发挥学院的办学特色。

由于秦和的办学理念，再加上学院的良好生源和社会的迫切需求，吉林省教委很快便批复了这一申请。省教委的批复，标志着吉林省华侨外国语专修学院从此走上了国家学历教育的坦途，从1998年新生中开始了国家学历文凭考试试点工作。

为了搞好国家学历文凭考试试点工作，学校于1998年下半年全面修订了各专业的教学计划。1999年1月，学院参加自批准为学历文凭考试试点以来的第一次考试，参考人数为365人，及格率达到99.2%。优异的考试成绩给全校师生以极大的鼓舞，秦和院长增强了办好学校的信心，教师增强了教书育人的信心，学生增强了学习的信心，这信心激励着华侨外院人向更高的目标迈进！

这个时期，秦和由于办学业绩突出，于1998年被推选为吉林省政协委员，九八吉林女杰，吉林省“三八”红旗手标兵，中国创业带头人，抗洪救灾先进个人，作为吉林省妇女界代表出席了全国妇女第八届代表大会。

1999年，经过一年多的国家高等教育学历文凭考试试点，学校各方面都取得了长足的进步，办学条件得到了改善，教学管理得到了加强，培养人才质量逐年提高，师资队伍满足了教学需要，申请专科

1998年，时任全国人大副委员长、全国妇联名誉主席陈慕华接见秦和

学历教育的条件已经成熟。学历文凭试点所取得的成果，自筹基金建设的自有校舍，为学校乘势而为，跨越式发展做了充分的准备。

提交申请过后，教育部的专家来到华侨外院进行考察评估，秦和向专家组作了翔实汇报，主要包括专修学校的创办历程和发展现状、改建高职学院的必要性和可行性、学校办学的基本条件及今后的发展目标等。专家组现场查看了有关材料，实地考察了办学基础设施。专家组得出考察结果，形成了考察意见，认为吉林省华侨外国语专修学院办学指导思想端正，办学目标明确，办学条件良好，管理模式有特色，师资队伍合理，能够满足专科层次的学历教育，并对成果给予高度评价。考察评审报告顺利通过了全国高校设置委员会专家委员会评审，标志着吉林华侨外语职业学院正式成为吉林省唯一独立设置的具有统招资格的民办普通高职院校。在短短四年的发展历程中，学校又迈上了一个新台阶，全校师生员工欢欣鼓舞，开启又一次新的航程。

1999年，吉林华侨外语职业学院联欢晚会

1999年9月，教育部发文，批准设立“吉林华桥外语职业学院”。教育部关于批设的通知，标志着吉林华桥外语职业学院正式成为吉林省独立设置的具有统招资格的民办普通高职院校，说明学校的办学层次上了一个新的台阶，这是具有里程碑意义的一个重大盛事。

需要指出的是，在民办教育的发展过程中，学历教育是发展的一个必经阶段，发展到这个阶段，很多学校要经历很长时间。然而，秦和带领的华侨外国语专修学院由于发展良好，只用了短短四年便上了一个新台阶，凸显了秦和办学理念的先进和决策的果断。

将“华侨”的“侨”字改为“大桥”的“桥”，一字之差，充分说明秦和的高瞻远瞩。她要将华桥外院建成中西文化合璧之桥梁，中华儿女成才走向世界之桥梁。

前瞻决策　抢占先机

临近世纪之交，中国的高等教育何去何从，民办教育何去何从，这既是事关国家的重大决策，同时也事关华桥外院的前途和命运。

华桥外院大门

1992年邓小平南方谈话，1993年国家下发《市场经济体制改革的决定》，1997年国家出台《社会力量办学条例》，加快推进国有企业改革，加快推进住房体制改革，加快推进收入分配制度改革等一系列鼓励社会力量办学、激发市场活力、更好地满足人民群众的教育需求的文件和政策相继推出。

秦和深切地明白，个人的梦想、学校的发展，始终和国家的大势和图景息息相关。她敏锐地关注着这一切，并看到了这一图景和大势，华桥外院必将迎来大的发展机遇。她并没有因为学历教育的成果而坐享其成或是止步不前，而是决定乘势而为，追求跨越式发展。

与此同时，20世纪末，世界上许多国家和地区都进入了高等教育大众化或普及入学的阶段。在西欧，德国、英国、法国和意大利的高等教育经历了扩招，大多数发展中国家的高等教育规模迅速扩展，没有哪个国家能置身于高等教育大众化的压力之外。

在这股国际潮流的推动下，中国的高等教育在1999年前后，令人感受到前所未有的变化。

一种变化是能上大学的人多了。高校普遍扩招，招生规模迅速扩大。另一种变化是学校数量也多了，各种层次各种需求，都有相应的学校为青年人提供机会。第三种变化是学费越来越高，可是想上大学的人也越来越多。

一切变化源于高校扩招。与一些国家的策略相似，1999年我国高等院校扩招，背后还有深层的经济因素：培育新的经济增长点，同时延缓高中后人群就业时间，缓解就业压力。

1999年6月16日，国家计委和教育部关于第二次扩招的联合通知公布后，全国各大新闻媒体都以通栏标题“今年全国高等教育招生大幅增加”刊登此消息，引起了社会各界的强烈反响。高校扩招成为1999年最受老百姓欢迎的教育政策之一。

秦和感受到，1999年的高校扩招也使华桥外院等民办高校面临市场突变带来的严峻考验。被大势裹挟前行的民办高校受到更加强烈的质疑：民办高校行吗？还有空间吗？这也是秦和不得不思考的问题。

扩招之前，华桥外院的竞争对手主要是同类私立外语学院。扩招之后，各省部管辖的综合性大学外语系和专业外语学院，浩浩荡荡加入招生市场竞争，仿佛一夜之间冒出来一大批强悍的竞争对手。招生计划将近60%的增长，意味着大量公办高校的招生从更低一级的分数段招走大量的学生。从顶尖名校到普通高校再到专科和民办高校，依批次向下类推。

华桥外院尚不具备与公办大学竞争的能力，如果不加入国家统招，将在此轮扩招中失去大部分有培养潜质的学苗。扩招的巨浪，直接冲击到秦和“精品办学”的底线：学苗质量决定起点。华桥外院本身要实现良性循环，就需要进一步扩大招生规模，来消化为追求质量而付出的过高成本。如果此次被压在扩招的巨轮之下，华桥外院很可能在巨浪中被打翻。

巨大的压力，让秦和苦苦思索，夜不成寐。国内银行和国外工作经历带来的视野，再一次帮助了秦和，她反复揣度局势。

国际趋势已经很清楚，政府将压力向市场传递。全球大部分国家出现的学费和入学需求双双增长，超出了各国政府的财政承受能力，私立高等教育成为极好的补充，获得了各国政府的扶持和推动。同时，民众接受高等教育意识的觉醒，促使政府通过各种措施引入市场机制，吸引私人力量，来加大高等教育机会的供给量。私立高等教育在全球呈现出爆炸性的扩展，并成为大多数国家高等教育系统的一个必要组成部分。

秦和前往国外，学习国外精品办学经验

一个现象引起秦和的关注：一些国家甚至将发展私立高等教育作为缓解财政困难、社会压力和满足市场需求的重要举措，积极扩充和引入私立高等教育机制。比如哥伦比亚、巴西、比利时、荷兰，还有日本、菲律宾、孟加拉等亚洲国家。其中一些国家，在私立大学和学院就读的学生数均达到高等教育学生总数的50%以上，有的甚至高达70%~80%。一些国家的私立高等教育机构，无论是机构扩张速度还是招生规模，都大大超过公立高等教育。

秦和终于读懂了国内一年增加56.7万招生计划这一数字背后的意义。她意识到自己可能只剩下一条路："逆水行船、险中求胜"。于是不再犹疑，掉头研究国内形势。

36岁的秦和，新中国最年轻的大学校长，以她的年轻和锐气，将怎样针对国内高等教育的发展趋势，为华桥外院的未来做出选择？

夜幕降临，秦和端坐在办公桌前，黑亮的双眸望着窗外出神。“如果父亲还健在，他会怎样选择呢？”想到了对自己充满期望，看准女儿有外交家才能的父亲，她不禁在心里问着自己。她静下心来，将眼前纷乱的现象进行梳理，从两个方面整理出下一阶段民办高等教育面临的发展环境和趋势：

第一，需求现状。知识改变命运，人们不再认为高等教育只属于少数精英。

——学者有其位。到1999年，恢复高考后全国已陆续毕业14届学生，很多大学毕业生在政治、经济、文化各条战线上成长为中坚力量。尤其在恢复高考的头三年考取大学，分配到国家各机关部门企事业单位工作的老三届毕业生，因为考取大学而彻底改变知青命运的数不胜数。

——住房商品化。1998年7月，国务院一纸文件，结束了新中国建立以来实施的住房实物分配制度，《关于进一步深化城镇住房制度改革加快住房建设的通知》宣布从同年下半年开始实行住房分配货币化。住房商品化，也刺激了更多人追求高学历，向往一份高收入，能够购买住房、拥有产权。

——望子成龙的期盼。20世纪五六十年代出生的一代人，有了子女，且多为独生子女，他（她）们都到了报考高等学校的年龄，面临精英教育的选拔录取。中国的文化传统，家长对于子女的高等教育，产生出强烈甚至扭曲的愿望，哪怕勒紧裤腰带、砸锅卖铁，也要供孩子念大学。

如上因素，汇集成渴望接受高等教育的民意洪流。每个家庭都期望大学文凭成为儿女找到好工作的敲门砖，越来越多的人认为自己有权利接受高等教育。

第二，政府鼓励。民间投资高等教育，参与并推动高等教育大众化，在中国有其独特的时代背景。

1982年《中华人民共和国宪法》颁布，第十九条规定："国家鼓励集体经济组织、国家企事业组织和其他社会力量依照法律规定举办各种教育事业。"这一规定为民办高等教育在我国获得政治合法性奠定了基础。

同年，党的十二大召开，以个体经济为代表的非公有制经济形式得到承认。乡镇企业、个体经济、私营经济和三资企业等多种经济成分的并存和发展，不仅对我国高等教育培养人才的数量、质量、结构、层次、专业类别等提出了前所未有的新要求，也为个人和企业投资民办高等教育提供了坚实的经济基础。

1997年7月国务院发布了《社会力量办学条例》，这标志着我国民办教育开始进入依法办学、依法治理、依法行政阶段。

1999年国务院召开第三次全国教育工作会议，朱镕基总理在讲话中明确提出："鼓励社会力量以各种方式举办高中阶段和高等职业教育，有条件的也可以举办民办普通高等学校"。这是中国高层领导人对民办高等教育第一次作出明确的肯定性表态。

在高等教育大众化的背景下，许多国家的高等教育系统都在探索着高效运作的新模式。私立高等教育就是其中一种最有活力、发展最快的模式之一。

秦和思量之后，豁然开朗，心中对未来的不确定，渐渐清晰，如同点亮一盏明灯。通过冷静思考，理性分析，认清了国家发展的大势之后，秦和决定要勇于挑战，敢为天下先。

秦和认为“华桥外院生长于市场，习惯了在风浪中前行，不怕竞争！”“华桥外院不仅注重效率，更将质量视为生命线！”秦和望着夜空中的华桥外院校园，对这所年轻的学校充满信心。她坚信，扩招的浪潮虽然汹涌，却也同时带来了宝贵的发展机遇，使自己能够向百年名校之梦想再靠近一步。

老子有云：天下难事必作于易，天下大事必作于细。一向精细的秦和，相信自己能够把握住这次机会。

因此，就在公办高校扩招,使民校高校招生受到全面冲击的时候，秦和决定逆流而上，扩大招生规模。秦和在办公会上提出这一想法时，引发全场激烈的争论。

这种局面下与公办学校争生源，能行吗？如果招不满，会不会面临降分压力？降分势必会影响生源质量，降低教学质量，影响华桥外院声誉，反过来，又会进一步影响招生，形成恶性循环，这时候扩招，是不是太冒进了？

秦和的决定引起华桥外院教职员工的普遍忧虑。但天性乐观、做事精细的秦和，早已想好了多条理由，来开导她的团队。

“我们一直是在困境中求生存的，从前是，现在是，今后还是。而这，恰恰是我们民办教育充满活力的原因。”

“我们从一开始就是直接面向市场的，我们完全是自力更生的。以市场需求为办学方向，这是民办大学最大的优势。一年一个台阶，一步一大收获。”

“我们办学是讲究效率的。效率也是市场的要求，如果你发展迟缓，质量不高，很快就会被市场淘汰。办教育必须解放思想，紧跟形势，否则就会落伍。只要你停下来，别人就会超过去。”

事实证明秦和的判断是正确的，扩招的决策更是明智的。1999年的扩招，华桥外院没有降分，但满载而归，在校学生数量达到2500人，是建校初期的10倍，在坚持“精品办学”的前提下，还实现了规模性效益，为学校下一步更高层次的跨越式发展夯实了基础，抢占了先机。

秦和“敢为天下先”的前瞻性决策发挥了至关重要的作用：大学扩招的头十年，也正是秦和将华桥外院扩大到接近最佳设计规模的十年。

中外结合　求贤若渴

教师是学校教育发展的命脉，没有好的教师就没有好的教育，这是一条基本教育规律。然而，在民办高校，在当时的制度环境下，教师的身份、地位、法人属性乃至最现实的待遇问题都面临着很大的不确定性。如何才能吸引到好教师，建设一支高质量的教师队伍，是中国所有民办高校面临的挑战。一些民办学校因为教师队伍建设跟不上，优秀教师不断流失，造成了教师队伍的不稳定以及教学质量的下滑等一系列问题，导致学校发展后劲不足，这样的例子屡见不鲜。教师队伍建设成为制约民办高校发展的一个瓶颈。

对此，秦和始终有着清醒的认识，始终将教师队伍建设视为学校发展的头等大事。对于教学，秦和坚守“质量第一”的理念。教育教学，“不惜成本，只要效果”。 秦和坚信，有高质量的教师，才有高质量的教学。

明确了教师队伍的重要性，秦和开始思考，华桥外院到底要建设一支怎样的教师队伍？对于教师队伍的结构，秦和认为，身为外国语学院，首先必须要有专业的外籍教师，以体现学校的多元性、开放性和国际化。此外，除了年轻教师外，还可以聘请一些老教授，从专业和治学等方方面面给年轻教师乃至学校的发展提供支持和指导。为此，她求贤若渴，她的师资建设目标，是不断优化教师队伍结构，逐步建立起一支学历、年龄、职称等结构合理、政治素质较高、业务水平精湛的教师队伍。

为了兑现三个承诺，秦和决定不惜成本，高薪聘请外籍教师和专业课老师。但是怎样才能引进质量可靠、经验丰富的外籍教师呢？

秦和在国外工作时，经历和见证过各种各样的跨国合作、经济往来，她想到了与美国英语学会合作。通过这个老牌机构，华桥外院很快从美、英、德、法、韩、日、加拿大、澳大利亚、新西兰等国家聘请了14名专职教员，一个外教带20个学生上课。这样的生师比，使秦和总算一颗心落地，至少，和其他同类学校比，选择华桥外院的学生和家长，从华桥外院获得的，已经超越了当初的期待。不这样，又怎能使华桥外院在家长和社会心目中凸显特色，彰显优势呢？

华桥外院早期的外籍教师

秦和特别注重国际合作

其后几年，华桥外院的对外合作蓬勃发展，陆续与美国、加拿大、英国、法国、德国、日本、俄罗斯、澳大利亚、菲律宾等多个国家的有关院校结成姊妹校，与美国英语学会、加拿大教育理事会等组织保持了长期合作关系，与韩国的庆南大学，昌信大学等建立了友好的校际交流，开展了互派教师及留学生活动，并与日本渡边研究所、美国新电脑公司等建立了长期稳定的合作关系。

美国英语学会会长温德林先生第二次来校时说道："你们的学校是个奇迹。我很高兴来到这里，与你们成为友好的朋友和长期的合作伙伴。"

就这样，华桥外院的专业课几乎全部由国内外具有博士、硕士学位及曾有海外留学经历的教授、副教授、讲师主讲，口语课由外籍教师担任主讲。

作为一所外国语学院，华桥有46名来自美、英、加、澳、德、法、日等国的外籍教师，他们将不同的语言，不同的文化，先进的教学方法和理念融入了华桥，形成了中外教师相互研究、相互学习的良好氛围，使华桥外院更具备了独特的中西文化交流的人文魅力。

秦和给外教们留下了深刻的印象。在接受央视采访时，一位美国外教说："我来华桥已经四年了，当我最初来时，秦和友好地对我说，我们将成为朋友。她常问我有关学生的情况，比如他们在做什么，有时我们会一起吃午饭，她是个很优秀的女性，她有很好的想法，而且这些想法正在变成现实。"

秦和以其简单和真诚，爱着每一位和她一起追梦的人。建校以来，她的身边逐渐凝聚起一批有着共同愿景的华桥外院人。每一个加入华桥外院队伍的教师，都是经过几道筛选之后，最后由秦和亲自面试。

秦和与外教亲切交谈

大学校长亲自面试每一位教师，这种景象大概只有创业阶段才会见到。已有数千名在校生的华桥外院，秦和大可不必这样精细，但她一直坚持了近20年。

秦和有句口头禅：认真做事，踏实做人。认真仔细、追求完美的她，在很多关键事项上带领干部员工一点一点把事情做细做实，她怎能不知道事必躬亲的辛苦！但选对人，可以在日后给教学和管理免去更多辛苦——重视顶层设计的秦和，总是期望能从源头减少问题，或者让问题在源头就没有机会发生。

在秦和身边工作多年的人这样解释她亲自面试教师的原因：通过面试，寻找志同道合、能够与华桥外院风雨同行的人。这些人和她自己一样，热爱学生、倾心教育，遇到困难和挫折时不轻易言退。只有这样的人，才对得起秦和与华桥外院的一片赤诚：以待遇吸引人，以情感留住人，以事业凝聚人，以机制培育人。

经过几年的努力，华桥外院已经按秦和的规划，逐步建立了一支以专家、学者为骨干，以中青年教师为主体，中外籍教师相结合的教师队伍。为了确保第一线的师资力量和教学水平，华桥外院又聘请了一批在教育界颇有影响的专家学者来校做学术带头人，诚聘学术造诣深厚的教授、讲师来校任教，同时大胆启用中青年教师，充实到教学领导岗位上去。

华桥外院身处长春市卫星路，这里坐落着多所知名高校，与吉林大学、长春大学等公办名校彼此相邻，资源十分丰富。华桥外院的师资队伍，有一半来自外校和社会。秦和对兼职教师也非常上心，常细细观察，寻觅能与她一起追梦的人。

华桥外院双语学院院长孟庆玲就是秦和“三顾茅庐”，以心换心聘请到的人。1999年，还在长春大学工作的孟庆玲，已经在华桥外院代课两年多。那年冬天，她正在家里备课，外面下着鹅毛大雪，气温已是零下二十度。家里的电话铃声突然响起，她拿起听筒，“孟老师，我到你家楼下了。” 是校长秦和的声音，孟庆玲大吃一惊，急忙下楼将校长迎进屋里。

孟庆玲是长春大学的教学骨干，有很强的教育情结，她不仅认同秦和的教育思想，也被秦和执着办学的精神深深感染。秦和不止一次表达过希望她加盟华桥外院的心愿，但毕竟长春大学是公办学校，干得好好的，突然要把公职辞掉，她几乎没有动过这样的念头。在长春大学工作的同时，在华桥外院兼职上课，她已经觉得很充实，要砸掉铁饭碗投入华桥外院的事业，这个决心真的很难下，也就一直没有给秦和明确的回复。

此刻，在孟庆玲的家里，秦校长坐在她的对面，眼睛盯着她，非常肯定地说："我一定要请到你，你要到我这儿来，你不来我就不走。"秦和一边说，一边观察孟庆玲的脸色。

太突然了，孟庆玲一时间不知道说什么好。秦和显然不想给孟庆玲留下游移不定的机会，她专注地看着孟庆玲的眼睛，不紧不慢，一字一句把在家里想好的理由说出来："在长春大学呢，你是一个好老师，你能教书育人，你教一个班的学生，你教得很好、很满足。而你到华桥外院来呢，是带一个团队，要带一些老师，要教一些学生，要教那些没有机会上大学的学生，使他们成才。这种感觉和你在长春大学是不一样的。到这儿来，你会得到更多，对社会的贡献会更大。"

对于孟庆玲这样有事业心、有教育情结的人来说，秦和的话句句叩击在她的心头。她禁不住心潮起伏，请校长给她一点时间，容她再想一想。

秦校长握着她的手，看住她的双眼，满脸诚恳地说："诸葛亮可以三顾茅庐，我也还会再来的，我来几次都行，只要你答应。"

后来她们为此又做了一次长谈。秦和反复说的几句话，以及那忘情的眼神，深深刻在了她的记忆中："我是真心办教育，我什么都不要的，只要你们帮我实现愿望，一起把华桥外院办成名校。"

尽管长春大学不希望她离开，甚至有意把她提拔到分院院长位置上，孟庆玲最终还是打碎了铁饭碗。

与孟庆玲一样被吸引到华桥外院的，还大有其人。

邓必鑫，这个名字永久记录在华桥外院的创建史中。他来自赋予长春"光学之都"荣誉的中科院长春光机学院，既有科学探求精神和治学的严谨，又有丰富的教学管理经验。这又是一位专情于教育的人，念高一时就给自己确立了人生目标——做一名优秀的人民教师。从事37年教学工作，退休后依然为教育事业执鞭，他把个人事业的“第二个春天”选择了在华桥外院，成为华桥外院的教学副院长，秦和的得力助手。

有人请邓必鑫说一说华桥外院吸引他的理由。“秦院长既懂教育管理，又有雄心壮志。”他认同秦和对华桥外院的定位和顶层设计，相信华桥外院经过若干年的努力，有望成为国内民办大学知名品牌。他说：“我愿为华桥外院的发展尽微薄之力。”

熟悉张奎武教授的人都说他是东北师大的“黄浦学员”。秦和将母校自己的老师搬来华桥外院时，张奎武已经在东北师范大学从教36年，既教英语，又做管理，并主编过《英汉百科翻译大词典》《英美概况》《英语阅读二》（全国自考教材）等，培养出20余名英国文学硕士生。张教授还担任全国英国文学研究会的常务理事，是这一领域的权威专家。他不仅认同秦和的教育理念，为秦和的办学精神所感动，对秦和举办名校的事业，还怀有一种师生同心同力的激情。离开师大教学岗位后，他加盟华桥外院担任教务主任，为华桥外院的教育教学管理做了大量的工作。

秦和身边，像她一样专情于教育、全力以赴投入华桥外院事业，将毕生积累奉献于这所年轻大学的人，还有很多。从东北师范大学退休后选择“跟着英明的人做事业”的高翻学院院长黄际英，“向往华桥、慕名而来”的校办主任杨春平，“在华桥找到人生的价值和意义”的苗晶，还有孙成柱，田飞龙，李文哲，王卫东……，举不胜举。

秦和不仅知道如何吸引人才，更知道如何留住人才。她热爱、尊重每一位师生，这在华桥外院，甚至在整个长春都是出了名的。老师们回忆说，当教师获得一项荣誉时，她会第一时间打电话向老师表示祝贺。有位老师的家人罹患癌症，秦和也很细心地感受到了老师情绪的变化，她告诉这位老师："什么都要面对，你要坚强，你要扛住，别人能做到的你一定能做到，男人做不到的我们女人不一定做不到。"老师们在生活中遭遇重大挫折时，就算不和秦和讲，她也往往能感觉得到，及时送去关心和温暖。"她很关心你，像姐妹一样关心你，你没有理由不去很好地工作。"一位老师这样说道。

秦和明白，要想吸引教师，留住教师，不仅要讲感情，还要讲待遇，因此，她千方百计改善教师待遇，并考虑不同年龄段老师的问题。老师的孩子上学问题怎么解决？秦和派人和东北师大附中商谈，以便安排老师的孩子上学问题，现在，华桥老师的孩子过马路就可以上学了。秦和还有一点不放心的，就是现在老师的孩子还没有合适的幼儿园可以去，她也牵挂在心上，告诉老师们说："我们要一点一点慢慢地解决。"华桥老师的孩子如果参加高考，她会给这个老师放假去陪孩子，虽然学校没有下过文件。华桥的女老师多，有两个老师流产了，院长专门安排两间房子，以便这两个老师中午休息。一位老师感慨道："当院长像亲人一样对你的时候，你就会感到做什么都是应该的。"

华桥的老教授去买菜，学校会安排车，也可以让食堂代老教授买菜。每年六月都要给老师检查身体，老师都很开心。对于还没谈恋爱的单身老师，学校组织搞联谊会，秦和要求工会把学校安排得和家一样。秦和曾说过："年轻人到了年龄你就要谈对象，我们对他们负责。”对于中年老师，秦和总是嘱咐他们：“你们一是要搞好身体，二是要想在学术上去提高，只要你提得合理，学校都会答应。”

老教授李照富本来是在德国慕尼黑定居的，现在和老伴在学校公寓里住着，他留在华外就是被秦和感动的，他说：“我是为你的办学精神来的，我把这把老骨头撂在这儿了”。

此外，秦和非常注重师资力量内部的培养。在经费紧张的现实困难下，她依然坚持每年都派老师作为高级访问学者去国外进修。

为了帮助老师解决后顾之忧，2009年华桥盖了两栋家属楼，因为学校离市区比较远，而且有些年轻教师可能要买房子也比较困难，学校就顶着压力借款盖了老师宿舍，钱从银行贷款和办学的积累里预先垫付，以很便宜的价格卖给老师，这在我国民办高校并不多见。

秦和与华桥外院的教师们合影

每年即使在经费紧张的情况下，学院也都会给老师们涨工资。老师的保险金一年三百多万，和公立大学的待遇一样。用秦和的话说："我就想两个人——老师和学生"，老师的福利和待遇一直挂在她心上。在华桥，每一分钱都不能随便花，必须在全校面前说明每一分钱怎么花，剩下的钱全交给老师和学生。学校把每一分钱都要花在刀刃上，华桥每年都要公布学校的财务状况，每一笔支出都向全体员工公布。

2010年，华桥的校工会首次开展为教职工庆生活动，三位老师收到来自秦和的生日祝福："感谢您陪伴华外一路走来，收获不断的成长与期待。祝愿您的每一天，都如前进中的华外，精致，精彩。"老师们同时收到的，还有食堂精心烹制的加了两个荷包蛋的一碗长寿面和一个生日蛋糕。这个习惯一直延续至今，每年的教职工庆生活动已经成为华桥外院的一个美谈。

建校以来，秦和一直把人事工作与师资队伍建设放在学校各项工作的重要位置上，始终站在"人才是学校发展的生命线"的高度，坚持"以人为本"，本着"用事业造就人才、用环境凝聚人才、用机制激励人才、用感情温暖人才"的原则，紧紧围绕建设百年名校，构建人才高地的工作目标，出台了一系列人事分配制度与师资队伍建设的政策、措施，使华桥外院的人事工作逐步实现了规范化、制度化，为学校的改革发展和整体事业的推进提

华桥外院教师们过生日时会收到蛋糕票和秦和的贺卡

供了强有力的政策保障和智力支持。

秦和用自己的信念和真诚，凝聚起一个有着共同愿景的办学队伍。

双重考验　超越期待

大学生就业是检验一所学校办学质量和办学水平最重要的尺度，也是社会对学校评价和影响学校办学声誉最重要的指标，因此，社会各界都很关注和重视大学生就业情况。

在我国高等教育改革的进程中，大学毕业生就业制度的改革启动较早。到了1999年，过去国家统包分配的格局已经打破，绝大多数的毕业生要进入劳动力市场，自主择业。同年，国务院机构改革和国有企业改革、亚洲的金融危机等一系列举措和变化，导致当年的就业形势比较严峻。在我国公办学校大一统的格局之下，毕业生被推向市场，可以更加公平地在市场的选择下去择业，这对民办学校而言，既是一个挑战，也是一个机遇。

1999年注定是华桥外院历史上不平凡的一年。除了获批学历教育，并且更名扩招之外，华桥外院也迎来了自己的第一批毕业生。秦和的精品之路终于走到了可以检验的阶段。

对于秦和而言，当自己的第一届毕业生走向市场，她还是有压力的。就像她精心呵护、用心养育的幼苗要接受风雨的洗礼一般，她的心里是忐忑的，然而，这种忐忑更多的来自于她对他们的殷切期待。与此同时，对于自己首届毕业生的就业前景，秦和也是有信心的，这种信心来自于她坚持不懈抓精品、求质量的人才培养过程。

与公办大学不同的是，华桥外院的首批毕业生要过双重考验才能修成正果，一是规定课程自考合格，二是与公立大学一起参与市场竞争，谋职成功。

2008年中央广播电视大学校长葛道凯引用官方统计说："我国自考制度自1981年开始试点，1983年在全国推广。全国累计有4 800多万人参加了自学考试，850多万人获得了大专以上文凭。"

这意味着，自1981年至今，全国平均每100名自学助考者，只有不到18人合格，获得了文凭。而1997年华桥外院学生的小试锋芒，令秦和对首届毕业生进入社会参与竞争有了十足的底气。那是1997年，华桥外院有121名学生参加了中文自考。中文科目，对于外语专业的学生来说，不是强项课程。让当年的教务长彦立农记忆深刻的是，121名学生只有3名不及格，合格率近98%。彦立农说："那些年，华桥外院参加自考的及格率，在全省同类学校里一直名列前茅。"

一份耕耘一份收获。到了1998年，华侨外国语专修学院在校生已达1 500人，顺利入选国家学历考试试点单位。

1999年，华桥外院第一届毕业生顺利进入社会就业。随后，毕业生分配制度开始改革，国家逐步取消统包分配，2000年中专毕业生开始实行双向选择就业。到2001年，统包分配的毕业生分配制度被彻底打破，全面实行指导性计划就业，毕业生主要通过进入人才市场、与用人单位进行双向选择落实就业。自此就业市场形势愈加严峻。

事实上，1998年朱镕基总理任上的国务院机构改革拉开政府机构改革序幕时，秦和已经开始感受到来自就业市场的压力。这是一个特殊的年份，政府机构改革逐级向下推行，之后的几年政府释放大量冗员企事业单位，这无形中挤占了应届毕业生的就业岗位。

与此同时，经济形势的变化，也加剧了就业市场对应届毕业生需求的萎缩。1998年的中国经济，经历了亚洲金融危机冲击、特大水灾，以及经济体制转轨深层次矛盾暴露带来的困难，但依然实现了7%以上的经济增长和社会的基本稳定。

秦和突然感受到命运对她的厚待。1997年7月爆发的亚洲金融危机，对中国大量的出口行业产生冲击，1998年国家开始调整宏观经济措施，三驾马车中出口和消费疲弱，靠基础设施投资带动。曾经的亚行和农行国际部的工作经历，使她敏感地意识到，这种局势将影响到市场上对外语人才的需求，大量出口企业开工不足导致失业劳动力增加，这部分熟练劳动力也将抢走应届毕业生的很多就业机会。

困难还不仅于此。如果金融危机的冲击让她看到就业市场的变化，1998年酝酿的高校扩招方案，又让她直接感受到来自高校扩招的压力。为了缓解整体的就业压力，有人建议高校扩招，一来促进高等教育发展，挖掘高校师资余力，二来将大批新生劳动力推迟四年进入就业市场。这种将压力向未来分摊的策略被政府接受，1999年中国高校全面扩招。

秦和不由得感到庆幸，如果没有银行的工作经历，她可能要等到2001年就业危机爆发时才去应对，那时就来不及了。没时间感受心情如何，秦和埋头工作，专心致志解决问题。

尽管当时毕业生就业形势严峻，华桥外院的就业率硬性指标也高居不下。根据市场经济发展的需要，华桥外院开设了英、日、德、法、西、韩、汉等语种，分为英语、双语、应用三个大系十几个专业。采用“外语+专业”的培养模式，按照“实际、实用、实践”的原则确定教学内容、课程体系及教学方法和手段。

通过对全国就业形势的深入研究和就业市场的实地考察，华桥外院收集大量就业宣传信息，多次举办毕业生就业指导讲座，提前在就业心理准备、自我推销艺术、自荐材料撰写以及应聘面试技巧等方面，对学生进行指导，并深入了解学生的择业意向，积极与用人单位联系，妥善周全地安排学生面试。同时，注重信息反馈，及时给予指导。

通过全校共同努力，华桥外院的首届毕业生十分抢手，基本上能全部落实就业单位，毕业生就业率达到100%，且大多数毕业生对自己签约的单位比较满意，就业行情看好。从毕业生去向看，大致分布在北京、深圳、广东、大连、长春等地。其中：在外企、各大集团公司从事经理助理、部门经理、翻译、文秘、外销人员等有58人，民办高校教师8人，公办中小学（省二实验）教师4人，各民办中小学教师64人，省机关幼儿教师3人，编辑1人，四星级以上酒店管理人员16人，各类学校聘用教务管理人员12人，在自家企业就业6人，校派出国留学4人，自办出国11人，读研、读本33人。

毕业生经培训上岗后，立足基层、埋头苦干，目前已经有部分同学调任总经理助理、办公室副主任等职位，成为公司的业务主干。

实践证明，华桥外院毕业生就业情况良好，毕业生的市场表现印证了秦和“围绕市场办教育”指导思想的先见之明。华桥外院在创世之初便提出，要为社会培养精通外语、谙熟管理，具备良好心理素质和公关意识、懂一两门专业、综合素质高的应用型、复合型、外向型的高级外语外事人才。

看到自己培养的学生一个个顺利走上工作岗位，秦和终于小松了一口气，感受到了片刻的踏实和欣慰。在掩盖住内心欣喜的同时，秦和也在进一步总结经验。

要知道，东北并非中国改革开放的前沿阵地，而作为华桥外院这样一个默默无闻的小学校，首届毕业生能够经受住市场的竞争检验，成功就业，秦和有自己独特的应对市场的举措和经验：

一、早抓，早起步，早占岗位。全院就业工作及早顺利地完成。

学院采取“供需见面、双向选择”的办法，对毕业生进行择优推荐。就业单位反馈回来的信息是：“好用、顶用、适用”，华桥外院的学生“踏实、肯干、业务好，靠得住”。

二、“外语+诚实=择业”，在专业能力具备竞争力的情况下，打做人品牌。这是秦和提出的口号。在金融行业的工作经历告诉她，毕业生职场成功始于做人，华桥外院学生要在竞争中胜出，必须以“敬业精神好、综合素质高、听说能力强、上岗适应快”等特点，来赢得用人单位的青睐。

短短几年，华桥外院就以其正确的办学方向、务实端庄的办学理念和宗旨、优良的办学信誉以及独特的外语类院校特点，赢得了学生家长和社会的关注。

秦和的三项承诺、四个第一，自始至终贯穿于华桥外院的办学实践中，并得到进一步梳理和提升。《中国民办教育》杂志出版的《中国民办教育总结》文献中，对吉林华桥外国语学院做了极高的评价，其中有这样一段话：

多年来学校始终坚持“一切为了学生成人、成才、成功，使华桥外院成为中华儿女成才走向世界之桥梁，中西文化合璧之桥梁”的办学理念，坚持办学的公益性，强调办学要“无愧于家长的期望、学生的时间、社会的关注和教育者的良心”，按照取之于社会、回馈于社会的原则，把办学所取得的办学积累金，全部用于教育事业。将“生源质量第一、教学质量第一、质量管理第一、择业质量第一”转化为具体的制度和措施加以落实，得到了社会的认可和赞誉，办学的社会效益不断提高。

吉林省第一届女企业家协会组织全省女企业家来华桥外院参观，妇联的负责人听完介绍，发出三个“惊人”的赞叹：“有惊人的胆识，有惊人的魄力，有惊人的速度。”

秦和的创业精神和卓著成就获得了社会各界的广泛赞誉，她被授予全国“三八”红旗手称号，在人民大会堂受到了胡锦涛、温家宝和陈慕华等领导的亲切接见。

就秦和自己而言，她的梦想征程才刚刚开启。

梦的探索

“我希望你们把大学作为人生的新起点，希望你们做一个正直的人，通过塑造优秀人格，积累诚信，树立正确的价值观和高远理想。要胸怀使命、报效祖国、磨砺自我、勇于担当。树立服务社会、造福天下之大德，为振兴中华，脚踏实地。”

——秦和

绘制蓝图　乔迁净月

随着1999年华桥外院的扩招成功，学校的固定资产也达到了一个亿。学校办学收入不断增加，办学条件不断改善，步入了平稳发展期。然而，秦和并没有因此而安于现状，而是积极思考和探索华桥外院新的发展突破口。

与此同时，国家利好消息不断传来，让秦和敏锐地洞察到了中国民办高等教育发展的又一大势，看到了新的希望和机遇。20世纪末，国务院批转教育部《面向21世纪教育振兴行动计划》正式颁布，吉林省也相继出台了相关文件，提出了吉林省的高教发展目标，高等教育的毛入学率要由2000年的15%提高到2005年的20%和2010年的25%以上。其主要措施之一就是要调动社会办学力量的积极性，积极推进民办高等教育发展，到2010年要使民办性质高校招生数达到当年招生总数的三分之一以上。这说明我国的高等教育将有一个大的发展，为民办高等教育提供了难得的发展良机。

学校的快速发展和国内的良好局势让秦和大胆决策，她决定组织新一轮申报的准备工作——向教委申请将吉林华桥外语职业学院由专科升格为本科。

2000年3月，中国教育界传来一个振奋人心的消息：创立于1984年10月，坐落于中原历史文化名城——河南省郑州市的黄河科技学院，经国家教育部批准，将实施本科学历教育。这是国内第一家民办本科！有志于中国民办高等教育的人士看到了前景和希望。但国内长期处于公办学校垄断教育的局面也是事实，社会对“民办大学”并不认同，视之为“非正规军”。华桥外院只有一种选择：朝着自己的目标，走自己的路，让社会刮目相看。

秦和心里默默地盘算着。黄河科技学院已经创办了十五六年，有了足够的办学经验，华桥外院的起步虽然晚了11年，但起点高，不去尝试，怎么知道不能成功呢？

“天下难事必作于易，天下大事必作于细。”这句老子的话，是秦和最喜欢挂在嘴边的座右铭。我为什么不能将精细的风格固化到学校方方面面的工作中去呢？这样既可以改进、强化学校的管理和教学，又能为“升本”积累经验。

于是，与“升本”相关的所有细节，秦和都会一一想到、做到、检查到；影响“升本”的关键条件和因素，她也一条一条去确认和解决。

要扩大办学规模，提高办学层次，拓宽办学渠道，首要的任务就是要改善办学条件，而卫星路校区已经远远满足不了学院飞速发展的需要。秦和作出果断决定：出售卫星路校区，易地建设新校区。

华桥外院师生共同努力，编织着华桥外院百年名校之梦，卫星路那所白色的精致校园，成为光荣之都长春的一颗闪亮之星。不知不觉，秦和带领华桥外院走进了第六个年头。

这六年里，华桥外院的成长得到了吉林省教育主管部门的全程呵护和指导，精品模式初见成效，业内交口称赞，华桥外院成为吉林省民办教育的新星。长春的女儿秦和也获得多项荣誉称号：2001年"吉林省优秀民营企业家""第八届吉林省十大杰出青年企业家"等；出席2001年亚太经合组织（APEC）妇女领导人会议；作为国内民办高校唯一代表，在"新世纪高等教育发展战略女校长国际论坛"会议上发言。

当华桥外院头顶光环为社会所关注时，秦和的身影不断出现在距离卫星路校区十公里的净月新区。这里是风景秀丽的国家自然保护区，林木遮天，凉爽宜人。秦和一边考察这里的环境，一边盘算着华桥外院怎样迈上第二个台阶。

华桥外院走过初创阶段，秦和面临着发展中不可避免的新问题：办学规模不断扩大，生源稳步增长，卫星路校区容量不够。虽然已在临近的前进大街上租校舍、建分校，但还是不够。当前的基础设施已经不能支撑华桥外院的发展，教学资源和办学效率已经无法良好匹配。

早晨，秦和像平时一样进入校园，先习惯性地在教学楼里转一转，一边和学生们打着招呼，一边看着那一张张阳光灿烂的笑脸，看着那白色楼群围起来的校园。阳光是那样的明亮，温和地照在秦和的脸上，她眯起眼睛，没想到这么快校园就不够用了。华桥外院至少在吉林省已经享有盛誉，如果能进一步扩展，会有更多的学生带着笑脸，沐浴着阳光，穿梭于校园中，那该多么美好……

良久，她收回视线，黑亮的双眸浮现笑意。就在人们认为秦和该好好松口气的时候，她在净月区的考察有了结果。

2000年10月18日，秦和在学院大会上语出惊人：为了扩大办学规模和为“专升本”做准备，学院决定积极融资，改善办学条件，建立新校区。

秦和融资的办法就是卖掉她钟爱的卫星路校区，另建现代化校园。

刚刚习惯了卫星路校园的精致、小巧，教职员工一下懵了，脑子转不过弯来。这不是刚刚走出创业阶段，才过上安定的日子吗，怎么又要创业？一起创业的老教师开始劝：“这样做是不是太冒险了？咱不是量入为出、滚动发展，做得稳稳当当的吗？好不容易稳定下来的学校，只怕经不起这样的折腾。”一些管理人员心里也在嘀咕，过重的债务会不会压垮运行良好的校园？更多的老师是舍不得这花园式的校区，这里的一草一木都有他们的汗水，留下了他们太多的情和爱。老师们不愿意离开，恳求秦校长：“不要卖，留下它吧！”

秦和又何尝不眷念？这是她创办的第一个家园，是她圆梦之旅最难忘也是流下泪水和汗水最多的地方。她伫立在这已经融入她生命的土地上，百感交集。

再度举债建校，让秦和殚精竭虑，她夜以继日地奔波和思虑，眼熬红了，腿跑肿了。可更让她揪心的是生病在床的母亲，她身为女儿此时却不能守在床前尽孝；还有幼儿荀荀，她为人母却难得亲手为儿子做上一顿饭菜。

2001年4月6日，经长春市土地局批准，华桥外院在长春市净月开发区小河台工业区征地35万平方米作为新校区校址。这里名校、名企集聚，文化底蕴深厚；这里自然环境优美，拥有丰富的旅游资源，有亚洲最大的人工森林，是国家4A级景区；这里远离繁华的闹市区，肃静、温馨；这里交通便利，轻轨、公交汽车四通八达，是办学的好地方。

2001年4月中旬，秦和聘请清华大学建筑学院、清华安地建筑设计顾问有限公司承担校园总体规划设计与校园内主要建筑设计。

净月校区一期规划效果图

将近不惑之年的秦和，以人生后三十年为尺子，度量华桥外院新校园在建设上应该达致的目标。她希望华桥外院的校园总体规划设计体现两大特点：满足华桥外院三十年的发展需要和建设百年私立名校的功能要求；力争建筑理念和办学理念相互融合。

为使新校区的规划、设计达致这两个目标，秦和特聘清华大学建筑学院进行设计。她相信，清华大学建筑学院不仅建筑专业和设计全国一流，更重要的是，这所百年名校，能够很好地理解她关于大学精神和办学理念的建筑构想，能更准确地解读她的百年名校梦想。经过多轮磨合，建筑方案敲定。

新校区的总体设计和布局不仅注意功能齐全、设备先进，彰显中西方文化交相辉映的原则，而且从有助于学生健康，有助于学生接近优美的自然环境出发，构筑和谐的人文环境、先进的科技教育

吉林华桥外国语学院净月校区

环境和英语交际环境，为学生发展个性、陶冶身心、发挥特长、锻炼品格提供优越的校园环境。

在各种手续完备的情况下，净月新校区于2002年3月5日破土动工，开始了第一期工程建设。工程由吉林省第一建筑集团公司承建，施工现场塔吊林立、机声隆隆，近2 000余名施工大军日夜奋战，一栋栋大楼拔地而起，一派繁忙的景象。在学院与承建单位的共同努力下，第一期工程到同年8月末全部完成。华桥外院以后来居上之势，跨越式完成了学校现代化办学设施的建设。

九月的北国，木铎盈年。在这“不是春光，胜似春光”的金秋时节，华桥外院完成了喜迁净月新校区的任务，一切井然有序，学校如期开学。

净月校区校园景色

风景优美的长春，文化灿烂，高校林立。当驱车驶过碧波荡漾的伊通河，来到苍松翠柏、山川相缪的净月潭山脚下，云海绿波中一道亮丽的人文风景线——中西合璧式的红楼于宽阔的净月大街东侧拔地而起，美轮美奂。

这就是秦和顶层设计中的现代化校园：吉林华桥外语职业学院，位于净月开发区的崭新的华桥外院，占地面积为35万平方米，一期工程11万平方米。

9月即将到来时，一座融合中西方建筑风格、彰显人文理念的花园式现代化大学，沐浴在科教名城长春的阳光中。

净月区的新校园，承载了秦和的百年名校梦想，体现了她对一所精品大学百年目标和办学理念的深刻解读。

以中央大道为中轴线，内河为分界线，中心广场为中心，新校区划分为综合教学区、体育运动区、学生生活区、国际交流区和文化景区五个功能区，校园建筑和景观协调有致，相得益彰，给人一种自然和谐、亲切愉悦的感觉。

蓝天、白云和阳光所代表的三种颜色，是秦和的最爱，代表着她对大学生成长环境的理解，既要如阳光般明快，富有朝气，充满活力，又要有蓝天白云般的心境，理性，专注，宁静致远。新校园的设计，将这三种颜色的寓意融入楼群建筑，尤其体现在三栋教学楼的设计中。从春夏到秋冬，华桥外院阳光灿烂的天空，绿草如茵的校园，都与建筑楼群相映成辉，融为一种清灵激越的情境。华桥外院的学生，就在这样的环境中，培养“志存高远、追求卓越”的胸怀，陶冶“报效祖国、服务社会”的情操。一位老师半开玩笑地说：“华桥外院连垃圾箱都是黄色的——那是阳光的颜色。”

吉林华桥外国语学院的中心广场

长春，自书山府以来形成了内敛与开放兼容并蓄的传统，作为一种文化基因，这一传统滋养了长春的女儿秦和，又通过秦和对校园的设计，传递到华桥外院净月新校区的一砖一瓦、一草一木之上。从校门外面看过去，华桥外院素雅精巧，走进校门，校园宽广开阔，高耸的灯塔点燃每个学生“志存高远，追求卓越”的理想。

围绕“公益性办学”的主导思想，“一切为了学生成人、成才、成功”“使华桥外院成为中华儿女成才走向世界之桥梁，中西文化合璧之桥梁”等一系列的理念，都遵循着这一主旨。在校园的总体规划上，秦和没有为了增加办学容量而建高大密集的建筑，相反，校内的楼宇基本都在五层以下。从中心广场向四周远望，群楼环绕，楼宇之间拉开足够的间距，留给学生活动的空间尽可能大，使整个校园显得格外温暖、包容、大气。综合教学区、体育运动区、学生生活区、国际交流区、文化景区各有特色，交相辉映。

秦和还如愿以偿地将"桥""外""精"三大特色体现在校园的设计上：错落有致的教学楼首尾呼应，体现出"桥"的象征。连接教学楼的空中长廊，九曲回肠横卧于内河之上的小桥，中心广场四周与流水相依的廊桥，无一不衬映出秦和的"桥梁"情结，寓意学校将为学生成人、成才、成功搭建走向世界之桥梁。为了突出外语学院的特色，将欧式古典建筑同中国现代建筑相融合，形成了端庄、典雅，"中西合璧"的风格。整个校园中，大到建筑物、自然景观，小到装饰、标识，无不造型精美，制作精细，体现出华桥外院严谨治学、精益求精的工作作风。

秦和在华桥外院的创建中，屡屡在自力更生、自主探索的过程中受益于"精细做事"的理念，她认定精细方为务实，应当成为华桥外院持久一贯的工作作风，成为办学品质的保证。为此，她不仅将"天下大事必从细而做"的理念固化到校园建筑中，还使其作为校园文化的主要元素，见诸校内文化传播的各种媒介、各种大事要事的宣传之中。

2002年9月5日，搬迁的日子终于到来。一切准备就绪，即将告别老校区。秦和站在那儿半天没动，不忍离去。许多老师看着眼前熟悉的景物，禁不住流下了热泪。

第17个教师节，秦和的39岁生日，在华桥外院筹备第三次搬迁的日子中悄然来临。忙累中秦和两眼熬出了血丝，睡得更晚，醒得却更早。每每在清晨进入卫星路校区时，她一步一步丈量着脚下的校园，越来越深地陷入难以割舍的眷恋之中。秦和控制住自己的情绪，掉转头来，将全部心思转向现场指挥调度上。没有时间在这片热土上停留，秦和的心已经飞向净月大街那崭新的校园里。

9月19日，净月新校区内，彩幅飘扬，旌旗猎猎，到处洋溢着乔迁的喜庆气氛。各个部门的教师和学生会的同学们都在为迎接全国各地的新同学忙碌着。华桥外院早早在师资力量、教学设施等方面做好了迎新的准备，尤其在新生入校后的衣、食、住、行等方面，统筹规划，周密组织，并加大投入，全力保证学生入校后能有一个良好的学习和生活环境。

迎新工作开展得有条不紊。在新生报到现场，学生志愿者制作的宣传板、标语，各种提示和横幅，早早地悬挂和张贴在进出口和要道上，把尚在建设中的学院装扮得热情洋溢。最为忙碌的是老师和学生干部，接新生的班车一到，他们就忙着招呼：办手续、拎行李，介绍学院的各种情况……一起陪同来校的家长连连夸赞："我们在家还想着有多么难哩！真没想到啊！学校工作做得这么好！"

开学的第一天，华桥外院就迎来了1 000余名新同学。

迁入新校区使华桥外院极大地改善了办学条件。总建筑面积9.8万平方米的土地上，一期工程建起两栋教学楼，一栋行政楼，一栋图书馆大楼，三栋宿舍楼，一栋电教大楼，一栋外教公寓和一栋家属楼，可同时容纳4 500名学生学习和生活。

吉林华桥外国语学院的体育馆

新校园为莘莘学子创造了一流的学习环境：全面更新了教学设施，设有18个语音室、9个微机室、2个多媒体教室和1个电子阅览室。还建立了校园网站及校园网络系统。图书馆藏书近20万册，阅览室宽敞明亮，可供几千名师生借阅图书。中心广场和连绵的绿地上，书声朗朗，人工河畔，杨柳依依，园林式的校园环境与中西合璧的建筑风格辉映成趣。学生不仅拥有图书馆浏览、自习的空间，每个班级都有自主管理的专属教室，每个教学楼和宿舍楼还专门配置了心灵小屋，那是一般大学都没有的、一个学生安全倾诉、与自己心灵对话的地方。除此之外，学生公寓、学生餐厅设施齐全，设备先进，卫生清洁，为学生创造了一流的生活条件和温馨有序的生活环境。

就这样，2002年金秋，秦和创办华桥外院的第七个年头，学生们进入秦和设计的全新成长环境，在其中学会管理自己的学业，管理自己的生活，管理自己的心境。

迁入净月园是华桥外院发展进入快车道的重要里程碑。“晴川历历汉阳树”，秦和感慨万千：伴随着国家、民族和教育事业的蓬勃发展，华桥外院已不知不觉经历了7个春秋，对于走在百年名校进程中的华桥外院，七年的历史很短，却凝聚了她和华桥外院师生太多的心血和汗水。

从小到大、从弱到强，一年一个台阶地跨越，华桥外院终于站在了秦和顶层设计中的起点上，迎来新的发展机遇。秦和朝她的百年梦想又迈近了一步。

升本梦圆　再攀高峰

华桥外院顺利迁入净月新校区，但秦和前进的步伐永未停止。搬进新的校园，意味着新的目标又在召唤，刚刚拂去身上征尘的秦和，又前行在了升本的道路上。

按照国家的政策法规和现有学校的办学实践，民办高校的发展普遍都要经历从助学考试到学历教育，再到专科，再升本这样一个递进的过程，这是中国的民办教育在特定的国情和时代背景下的一种制度安排，也是民办高校必须要经历的一个阶段，必须要爬的一个陡坡。

早在1999年，秦和就曾前瞻性地思考，提出华桥外院要申报本科，然而，2002年时，中国有上百所民办专科学校，近千所助学考试机构，能够顺利升本的屈指可数，并且都经历了十几二十年的发展。尽管华桥外院只建立了七年的时间，秦和确立申本的目标，源于建校初期起步的高起点。她深知

2002年，秦和迎接时任全国人大常委会副委员长、全国妇联主席顾秀莲视察学院新校区

这一目标面临着巨大挑战，但是也孕育着更大的机遇。经过认真分析，她认为经过努力，这一目标一定会实现。她决定迎难而上，朝这一目标挺进。

秦和的信心是有根基的。短短七年时间，华桥外院的学生人数从当年247人发展到2002年的3 183人；从占地面积5万平方米的卫星路老校区发展至占地35万平方米，建筑面积近10万平方米，设备齐全、美轮美奂的新校区；从十几人的教师队伍发展至近300人的庞大队伍。华桥外院的办学信誉逐年提高，赢得了社会的广泛认同与普遍肯定。

正确的办学方向、务实端庄的办学理念和宗旨，不但赢得了家长和学生，也赢得了国家和省教育部门的信任和支持：学校1998年被列为国家专科文凭考试试点单位；1999年通过教育部正式批准，成为吉林省第一所独立设置的民办全日制普通高等院校，开始招收国家计划内专科学生；2002年省教育厅批准联合试办本科教育。这三次办学层次的提升，无疑为华桥外院的发展创造了良好的先决条件。

华桥外院在专业设置上始终实践着四个强调：瞄准就业市场，强调实践能力；重视学生素质，强调团队精神；构筑合理的知识结构，强调创新思维；培养学生的国际战略眼光，强调竞争意识。

此外，为了培养具有国际视野和交往能力的人才，华桥外院与国外大学联合办学，学习借鉴他们先进的办学经验，把先进的教育思想和教学方法融入华外，共享国际优质教育资源，不断探索国际化办学新路。积极拓展国际交流对象，目前

华桥外院开展广泛的国际合作

已同美、韩、法等国大学或教育机构建立了实质性的合作交流关系，互派交流学生和教师。

学校的生命是生源，生源看就业，就业靠学生质量，学生质量要提高就要有一支高素质的教师队伍。华桥外院的教师队伍这时已经壮大到282人，其中外籍教师46人，来自美、德、法、日、韩、加拿大、墨西哥、西班牙等国，大多都有国外任教的经历，有较丰富的教学经验和较高的文化程度。这是一支集外教、专家学者、教授、副教授、博士、硕士于一体的层次高、业务强、结构合理的师资队伍。

和着时代的旋律，秦和与她的团队奋力拼搏着、前进着。

2002年，秦和向教育厅申报将吉林华桥外国语学院由专科升为本科。也是这一年，学校正在建设新校区，可想而知，多少困难伴随华桥外院的日日夜夜，秦和以超然的淡定、执着，乐观面对，其中的艰辛，秦和从未跟别人提起，但是华桥外院师生却是看在眼里，疼在心里。

2002年10月，刚刚喜迁的新校区，校园景观、绿化、设施正在紧锣密鼓的建设中，国家教育部专家考察组考察评估的时间已经临近，参与工作的人员急得“捏着一把汗”，喷泉未开，暖气未通。时间飞速地流逝，11月1日，全国高校设置评议委员会专家组莅临华桥外院，对华桥外院申办本科院校进行考察评估。然而，他们看到的却是一幅全新的景象。阳光下，吉林外国语职业学院几个大字在喷泉的映照下异常地醒目。暖气开通了，校园恢复了幽静，学校教学、生活井然有序，目睹眼下的情景，很多人又一次感动了！

只有华桥外院的师生知道，为了保证各项设施顺利完工，多日以来，秦和亲临工地现场，已经连续几天没睡好觉，没吃好饭。她打起十二分的精神，从五个方面向专家进行了汇报。一是回顾了七年的办学历程。二是办学经验和体会，主要是坚持正确的办学方向，始终为培养实用型的外语人才努力工作；树立务实的办学理念，在办学实践中始终注意更新办学理念；自觉地把素质教育贯彻始终，注意把传授知识、培养能力、提高素质融为一体；要想在激烈的市场竞争中占有一席之地，必须打造品牌。三是改建本科院校的必要性。四是具备改建本科院校的办学条件。五是今后的展望。

秦和真诚地说："展望明天，我们盼着学院能改建为本科院校，能上层次、上规模、上水平，发挥更大的作用。我们的目标是要把学院建成民主化、法制化、国际化的一流外国语大学。民主化就是要建立民主决策的体制和制度，防止家长式领导；法制化就是逐步建立健全各项管理制度，坚持依法治院，防止经验主义与主观随意；国际化就是加大对外开放办学力度，走向全国，走向世界。为了实现这一目标，我们要紧紧依靠省委、省政府的领导和教育厅的领导与帮助，进一步更新观念、与时俱进，深化以教学为重点的各项改革，精心培育办学特色，提高办学质量，打造教育品牌；进一步健全管理运行机制，不断加大办学硬件投入，加强校园的综合建设；大力加强精神文明建设，校园文化建设，全面推进素质教育；要励精图治、奋发图强、勇于创造、扎实工作，努力探索民办高效发展的新途径。有人说教育是一项事业，事业需要风险；教育是一门科学，科学的实质在于求真；教育是一门艺术，艺

2002年底，秦和接待时任教育部部长周济、吉林省副省长李锦斌等来校视察

术的生命在于创新。我们要以奉献的精神、求真的精神、创新的精神，再创学校更好的明天！”

听取汇报后，专家们对华桥外院进行了实地考察。通过考察，专家们认为，吉林华桥外语职业学院办学指导思想明确，办学效果显著，已形成了独特的民办学校管理模式，得到了社会的广泛认同。升格为单科性本科院校的办学条件已经基本具备，并符合当前地方社会经济发展的迫切需要，从支持并扶持民办高等教育的发展出发，同意该校升格为本科层次民办高等学校，校名定为：吉林华桥外国语学院。建议提交全国高校设置评议委员会审议。

全国高校设置评议委员会专家组成员陈白玉在评估过程中进行了“微服私访”，结果在汇报时伸出大拇指说：“秦和你真有亲和力，不得了，了不得。”

2003年3月1日，全国高等学校设置评议委员会四届一次会议在厦门召开。

“四十八个小时我内心的焦虑程度难以言表”，终于，捷报传来。华桥外院以高票顺利通过专家评议审核，升格为本科层次的普通高等院校。消息传来，全校一片沸腾，人人奔走相告，共同欢庆这一重大喜讯。

三月的校园，天蓝云淡，欢歌笑语，金色的阳光洒满了北国春城，洒满了美丽的华桥外院校园。连日来，华侨的师生们掩饰不住住内心的喜悦，津津乐道淡论着这个消息：华桥外院成功升格为本科院校了！

站在三月的春风里，回顾华桥外院走过的日日月月，每一个华桥外院人都感慨万千：八个春夏秋冬，八载沧桑历程。

华桥外院人和学院一道风雨前行，一路高歌猛进：从无路的地方走出了路，从羊肠小径走向大道通衢；从筚路蓝缕、杂草丛生，到今天校园秀美、新楼高耸；从仆仆风尘、平房电灯，到今天根深叶茂、鹊起声名……即使第一个在华桥外院这片热土上撒下过汗水和青春的人，当他蓦然回首时，都难说“也无风雨也无情”！八年，艰难困苦，玉汝于成。

八年，一份无法托举的厚重。

正是在这一步一个脚印的努力中，华桥外院才得以一年上一个新台阶，实现着跨越式的发展。这也充分说明了华桥外院办学面向了市场，正视了现实，而且纯粹是为了教育事业而办学。如若华桥外院不以此为基点，就不会有今天的成就。华桥外院的办学已经转换了旧的机制，在如今高教的星空下，民办高校是一片正在开发的热土，学校的办学权都掌握在投资者手中，谁投资，谁就有办学权。而像华桥外院这样的民办大学资金来自社会，所以全社会都会主动关心教学质量和未来发展，这样的发展潜力是无穷的。

2003年8月，时任教育部领导视察华桥外院

像一名在沙漠里经过长途跋涉而神情疲惫的战士突然发现绿洲，像一位饱经风霜的老农用粗糙的双手捧着沉甸甸的麦穗，刻满皱纹的古铜色脸上露出了孩子似的笑容，每一个华桥外院人此刻的心情既有对走过艰辛路程的深情回眸，又有终于看到丰硕的成果的惊喜，但更多的却是默默地在心中构建新一轮创业的构想，编织着实现美好明天的憧憬之梦。

2003年，在全国近170所纳入教育部统招资格的民办普通高校中，具有本科学历统招资格的院校只有9所，华桥外院升格本科，填补了吉林省具有统招资格的民办全日制本科院校的空白，是国内唯一一所民办本科外国语高等院校。

2003年9月28日，秋高气爽，晴空万里，华桥外院校园内旌旗猎猎，到处洋溢着节日的景象，净月园新校区正隆重举行华桥外院升格本科更名揭牌庆典。

上午10时18分，在庄严的国歌声中，揭牌仪式在体育场上拉开了帷幕。吉林华桥外国语学院创办人、院长秦和作了动情的致辞，她发自内心地感慨道：208天以前，也就是今年3月1日，所有关心华桥的人都听到一个令人欢欣鼓舞的喜讯——华桥升本成功了！这是全院师生多年的愿望。全院师生员工为此付出了不懈的艰苦努力。

2003年4月16日，经教育部批准，学院正式更名为吉林华桥外国语学院，成为我国目前唯一的一所民办本科外国语院校。学院升格成功既是我国加入世贸组织后市场经济发展的需要，也是我省高等教育布局结构调整的客观要求，是学院办学历史上一个重要的里程碑，标志着我们学院从此进入了一个新的发展阶段。

2003年，秦和在华桥外院升格本科更名庆典上讲话

秦和说，华桥外院始建于1995年，在八年的风雨历程中，从创办初期的助学机构发展到国家学历文凭考试试点单位，从原来的专科职业学院发展到今天的本科外国语学院，一年上一个新台阶，不断发展壮大。八年来，学院始终坚持办学的公益性，坚持“一切为了学生”的办学理念，坚持全员、全过程、全方位的育人观和质量观，坚持以市场为导向，培养实用型、复合型、外向型外语外事人才的办学宗旨，为社会输送了一大批综合素质高的外语人才。

对于未来，秦和提出了新的希望。她指出，学院将力争在较短的时间内使教学上质量，管理上水平，办学上层次，三年内达标本科，五年申硕成功，十年打造国内一流民办外国语大学品牌，三十年完成与国际接轨，早日把学院建设成一所以外语为主，文、经、管协调发展的多学科、多语种、多层次的应用型外国语大学，为尽快实现民主化、法制化和国际化的办学总体目标而努力，为我国民办教育事业的发展、为吉林省的地方经济建设作出新的更大的贡献。

在一片掌声、欢呼声、乐曲声中，新校揭名牌仪式隆重举行。军乐队奏响了欢快的乐曲，气球和彩带满天飞舞，一群白鸽飞向天空，师生们兴高采烈地挥舞着彩旗，整个校园沉浸在喜庆的气氛中。

这一年，华桥外院正式升格为民办普通本科院校，是吉林省民办教育史上的第一所普通本科院校，是教育部批准的9所民办本科院校中唯一一所外国语学院，从此掀开了吉林民办高等教育发展史上的崭新一页。

2003年9月，时任全国人大副委员长彭佩云参加学校升格本科更名庆典

在秦和的领导下，华桥外院在不到九年的时间里，三次搬迁、三次更名、三次飞跃，实现了跨越式发展。

会通中外　砺志敦材

升本是一次跨越，但是每一次跨越，都是为了下一次更好地启航。升本之后，秦和由一所专科学校的校长成为一所本科学校的校长，头上的光环更亮了，但是肩上的责任也更重了。

“最后评比结果揭晓了，我们是以高票通过的。我感到既激动又有压力，激动的是我们终于评上了本科，从此可以把学院前的‘职业’两个字拿掉，但是更有一份压力，我觉得一份责任又到了肩上，就是我这个新置的本科院校的校长，下一步应该怎么做……” 这是秦和在等待申本成功时更多想到的。

秦和就是这样一个永远也不会停止脚步，永远对教育事业充满激情的人，她的精神传导在学院的方方面面。作为吉林省第一所民办普通本科院校，作为教育部批准的唯一一所民办外国语学院，如何把这所学校办好，培养优秀的人才，肩负起历史的使命，服务国家，服务社会，这是一项更为艰巨的挑战。到了这个阶段，秦和开始更为系统地思考学校的顶层设计。

早在建校之初，秦和就对学校的办学定位和办学理念进行了顶层设计。经过八年卓有成效的办学历程之后，秦和的思路愈发清晰了。学校升格本科后，为了总结办学经验，形成自己的特色和优势，秦和依据高等教育，特别是民办高等教育改革发展的趋势和社会经济对人才的需要，结合学校的实际，再一次认真地进行了办学的顶层设计，进一步明确了办学的指导思想，办学定位和办学理念，确立了发展战略，为办好本科院校奠定了思想基础，指明了方向和奋斗目标。

在秦和看来，学校的顶层设计一定要在国家发展的大格局下来考量，要在历史的进程中来定位。秦和指出，华桥外院的办学指导思想应为坚持社会主义办学方向，全面贯彻党和国家的教育方针，深入落实《民办教育促进法》，秉承“会通中外、砺志敦材”的校训，坚持“一切为了学生成人、成才、成功”的办学理念，以育人为主线，以提高人才培养质量为根本，积极开展国际交流，努力为学生提供最认真、最负责、最好的教育，着力培养“知识、能力、人格”全面发展的实用型、复合型、外向型的高级外语外事人才，把学校建设成为精品应用型本科外国语大学。

在秦和看来，公益性是教育的本质属性，教育是最阳光的事业，最神圣的事业，肩负着促进社会进步、促进人类文明的使命，是全社会共同的事业。因此，秦和坚持将公益性摆在首位，无论是她本人，华桥外院的整个团队，还是学校的后来者，都要将公益性放在首位，共同守护。华桥外院的办学思想是坚持社会效益第一，坚持走公益性办学道路；办学要无愧于家长的信任、学生的时间、社会的关注和教育者的良心；坚持面向市场、突出特色、苦练内功、强化管理、精品办学、打造品牌。

在学生培养方面，秦和坚持“以人为本”“一切为了学生成人、成才、成功”。培养人才是高等教育的四大职能之一，也是最为核心的职能，科学研究和社会服务都需要以人才培养作为根基。在秦和看来，高等学校要想肩负起这些职能，必须要把学生培养好，这是一份责任，也是办学者的良心。

在秦和看来，华桥外院的“桥”字，是在中国改革开放的背景下产生的，肩负着沟通中国与世界的重大历史使命。为此，秦和结合华桥外院作为外国语学院的特点和优势，提出了“使华桥外院成为中华儿女成才走向世界之桥梁，中西文化合璧之桥梁”的办学理念，同时拟定了“会通中外，砺志敦材”的校训、“致远、务实、求精”的校风、“敬业爱生、博学善导”的教风和“自强自律、求是求新”的学风。

为了使全院师生全面了解、深入体会华桥外院的校训、校风、教风和学风，秦和认真梳理出她的办学理念，通过院报、会议等形式，将具体内容阐述如下：

校训——会通中外，砺志敦材。

“会通”，融会贯通；“中外”，中国和外国。“会通中外”即通

吉林华桥外国语学院校训

古博今，学贯中外，既传承弘扬中华民族优秀传统文化，又博采吸纳世界各国、各个民族文化中的先进和有益成分，将两者融会贯通，集于一身。

“砺”，磨砺、磨炼。“砺志”，磨砺意志，提高修养。“敦材”，就是努力成为像桥墩子一样基础扎实的栋梁之材：教师要功底扎实，学养丰厚，集中精力搞好教育教学工作，努力提高人才培养质量；学生要刻苦学习，夯实专业基础，锻炼实践能力，提高综合素质。“砺志敦材”即师生都要修德养才，从而成为德高才俊。

整个校训意指华桥外院的全体师生都要牢固树立终身学习的观念，在教学、科研和学习活动中，将中外语言、思想、文化精华兼收并蓄，融会贯通，使华桥外院成为中华儿女成才走向世界之桥梁，中西文化合璧之桥梁。全院师生都要磨砺意志，修养品行，升华人格，勤奋学习，刻苦钻研，不断进取，努力成为国家建设和社会发展的栋梁之材，使华桥外院的学生都能成人、成才、成功。

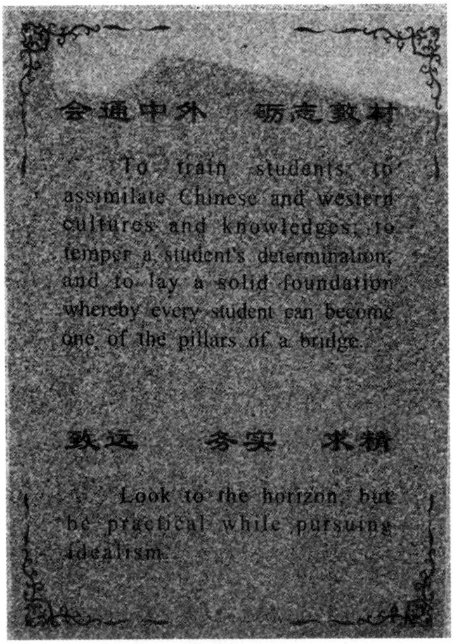

吉林华桥外国语学院校训

校风——致远、务实、求精。

“致远”，是指办好华桥外国语学院，要有远大的理想、宽广的视野，有把华桥外院办成历史名校的眼光和信心，同时也指华桥外院培养的学生，要有崇高的理想、远大的抱负和高雅的志趣，有“为中华民族崛起而读书”的志向，有走向世界的勇气和能力，有献身国家建设的精神、品质、素质和能力。“致远”，主要是倡导学院和学生积极向上的人文精神。

“务实”，是倡导师生员工都要奉行“简单做人、踏实做事”的原则，坚决克服各种形式主义，牢固树立不图虚名，讲求实效的学风和作风，对工作要有一种不浮于表面，一抓到底，落实到位的实干精神和求真作风，扎扎实实做好每一项工作，逐步实现学院发展的每一步战略目标。“务实”是实践“致远”人文精神的前提和条件。

“求精”，是指办学不仅要有远大的理想、目标和务实的作风，还必须强调“精品”意识，讲求质量，不求最大，但求最好。要树立精益求精、“天下大事，必作于细”的精神，有不做则已，要做就做到最好，做到一流的思想。质量是华桥外院生存和发展的根本，不注重质量的学习，不注重质量的工作，都是与华桥外院的办学理念相悖的。

有了“致远”的眼光和目标，有了“务实”的作风和精神，又有了“精品”的质量意识，华桥外院就能够在中国高等教育的发展大潮中站稳脚跟，就能够在众多的民办高校中脱颖而出，就能够一步一个脚印地逐步实现学院发展的宏伟蓝图。

教风——敬业爱生、博学善导。

所谓“敬业”，是指教职工要有忠诚并献身于教育事业的自觉精神，有为社会培育栋梁之材的高度自豪感和责任感，对工作认认真真，兢兢业业，善于学习，勤于思考，肯于钻研，乐于奉献，以良好的职业道德和虔诚的心态高质量、高标准地完成好本职工作。

所谓“爱生”，是对学生要有人民教师博大的爱心、真诚的关心、极大的热心和耐心，切实本着对学生健康成长高度负责的精神，去从事教学和其他各项工作。要心系学生，甘为人梯，教书育人，为人师表，积极践行华桥外院“一切为了学生成人、成才、成功”的办学理念。

所谓“博学”，是要求教师有广博的知识视野和深厚的专业功底，做一个“专”与“博”、理论水平与实践能力、科学精神与人文修养相统一的复合型人才。只有这样，才能适应高校教学和素质教育的要求，才能培养出人格完整、和谐发展的合格人才。

所谓“善导”，是指教师要掌握指导、引导和劝导学生德智体美劳全面发展的方法和艺术，善于解决学生在成长过程中遇到的世界观、人生观、价值观等方面的困惑和问题，使学生爱党、爱祖国、爱社会、爱学校、爱集体，沿着正确方向发展，充分发挥个性特长，顺利健康成长。

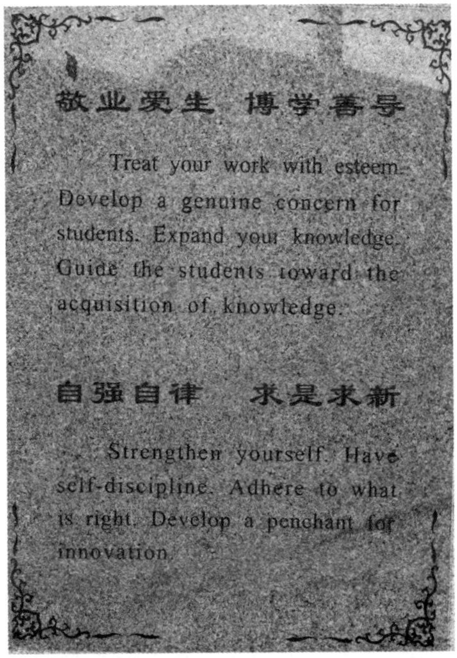

吉林华桥外国语学院教风和学风的内涵

学风——自强自律、求是求新。

“自强”包含着自信、自立的精神和刻苦、勤奋、向上的要求，表现为在学习上下苦功夫，在做人上下苦功夫，在做事上下苦功夫，在创新上下苦功夫，有对远大理想目标的追求，有成为社会有用人才和国家栋梁之才的强烈愿望，有为民族振兴、国家强大而献身的精神。“自强”是实现“致远”校风在学风建设中的具体化要求。

“自律”体现着学生的自尊、自重、自爱以及在言行举止、情操陶冶和学习过程中严格、严肃和严谨的自我要求，和强烈的慎独意识和高度的自觉性，自律性。使他们能够尊师爱校、遵章守纪、讲究礼仪、注重养成，能够自主学习、自我约束、自我管理、自我发展。

“求是”就是实事求是的精神，指学生在学习活动和社会实践过程中应该持有严谨的科学态度，有尊重真理、热爱真理探索真理、尊重客观实际的科学精神，在大是大非面前有原则性和正义感，有辩证地观察分析问题的能力，不人云亦云，不弄虚作假。

"求新"，就是指学生在学习和研究过程中，不自满、不畏难、不气馁，对新知识充满渴望，对未知领域充满好奇，不因循守旧，不墨守成规，能够在前人成果的基础上不断开拓创新，努力做出突破性、创造性的成果和贡献。

"自强自律、求是求新"主要是解决学生在成人、成才、成功上的问题，强化学生的自主意识和科学精神，使学生形成积极向上的心态、良好的生活习惯和正确的思维方式，成为一个身心健康、思想端庄、全面发展的人。

秦和是有远大理想的，是有教育情怀的，她的目标是要建一所非营利性的百年私立名校。这一目标于她是种引领，是座灯塔，需要她一步步践行，一步步前进。

为此，秦和制定了华桥外院的总体目标定位：从2006年开始，力争在五年内，使学校的办学层次、教学质量、学科建设、管理水平都有明显提高，到2009年通过国家对华外本科教学工作水平评估，同年力争"申硕"成功，十年打造国内一流民办外国语大学品牌，三十年建成一所以外语为主，文、经、管协调发展的多语种、多学科、多层次的国内一流、国际有一定影响的民办精品应用型本科外国语大学，实现办学的民主化、法制化、国际化，进而创建百年名校。

在秦和的逐梦过程中，她既有目标的引领，又有每个阶段明确的发展任务。到了这个阶段，学校已经有了一定的办学基础和条件，有了先进的办学理念和顶层设计，接下来，秦和进一步思考如何将这个学校办好，如何育人。

育人为本　德育为先

在华桥外院，流传着一个激励人心的真实故事：大连实业公司招一批大学生，其他学校包括吉林大学送去的实习生都是研究生，只有华桥外院学校送去的是本科生。大连实业公司在当时是一家大公司，实习生头一个月所做的事情全是站着接电话。“你猜最后留下的四个是谁？全是华桥外院的学生！”华桥外院的老师骄傲地说。

华桥外院的学生之所以在职场中经受住了考验，赢得了竞争，靠的不仅仅是他们的专业技能，还有他们崇高的品德。这正是秦和办学思想中“育人为本，德育为先”的体现。培养学生德、智、体、美全面发展是党的教育方针，在她看来，德、智、体、美这四种学生的核心素养中，德是第一位的。

人们常说，知识技能的不足往往可以用品德来弥补，但是品德的不足却没有办法弥补。如果我们教会了学生技能却没有教会他们品德，他们可能不仅对社会无益，还可能会对社会和他人造成伤害。

为此，在秦和的主导下，华桥外院高度重视并确立了“育人为本，德育为先”的育人理念。坚持德育的首要地位，“以德立校”，坚持社会主义的办学方向，把培养德、智、体、美全面发展的人放在学校工作的第一位。与此同时，秦和就如何实施德育教育进行了深入探索，实现了理念和实践的统一。

首先，秦和注重培养学生对国家、对社会、对学校、对同学的责任感。学校充分发挥思想政治教育和心理健康教育的育人作用，要求学院的全体教职员工，都要“育”字当头，本着“教书育人、管理育人、服务育人、环境育人”的四项育人原则，齐心协力努力塑造全员育人的环境，将育人落实到学生学习生活的每一个环节、每一个阶段、每一处场所，力争为学生提供优质的教育环境和教育服务，在老师的指导和关爱下学习生活，在生动活泼的氛围中，自主学习、自我教育、自我发展，引导学生早日“成人、成才、成功”。

其次，秦和注重培养学生的行为习惯，培养他们成为一个有教养的人，懂礼仪的人。多年来，华桥外院始终坚持将德育放在首位，提高学生的人文素养，注重从人生观、价值观和世界观的培养到爱国家、爱社会、爱人民的无私奉献精神的培育，引导学生学会学习，学会做人，学会做事，学会与人相处，学会关心社会，努力培养他们的社会责任感、积极向上的心态、良好的生活习惯和正确的思考方式。在思考培养什么样的人，如何培养人等方面，从全局和战略的高度切实增强大学生思想政治教育的责任感、紧迫感、使命感，提高学生的综合素质。

此外，秦和还注重培养学生的职业道德和素养，培养他们爱岗敬业的精神。学院的培养目标还有另外一方面的内容，那就是提高学生的就业竞争力。学院始终坚持“端庄择业”思想的教育，倡导学生树立“外语+诚实=择业”的全面成才观，同时也学习借鉴国外大学的成功择业法则——心态法则、观念法则和行为法则。

关于德育秦和有很多思考：

“我常常思索，一个人受教育的终极目标究竟是什么?它应该不单纯是学习知识，也不是简单的就业，应是做一个高尚人格的人，一个健全性格的人，是使人活得更有意义，更有尊严，能最大限度地发挥人的创造潜能。教育者在教给学生知识的同时，必须致力于塑造一颗纯洁的心灵，教给他做人的方法和智慧。”

秦和将自己的德育思想和观念融入到了教育教学和学校发展的方方面面。华桥外院专设德育部，开设的课程分为理论课和实践课两部分。华桥外院开设《大学生修养与行为规范专题讲座》课，成为第一课堂教学的延伸和补充，把思想道德教育变成集约化教学和一项系统工程。《大学生修养与行为规范专题讲座》共有16个专题，即《走进华桥外院、砺志敦材》《学会感恩、学会回报》《简单做人、踏实做事》《大学生的校园礼仪》《树立社会主义荣辱观》《校园劳动实践》

德育部把《感恩的心》手语操列为《思想道德养成教育》课的内容之一

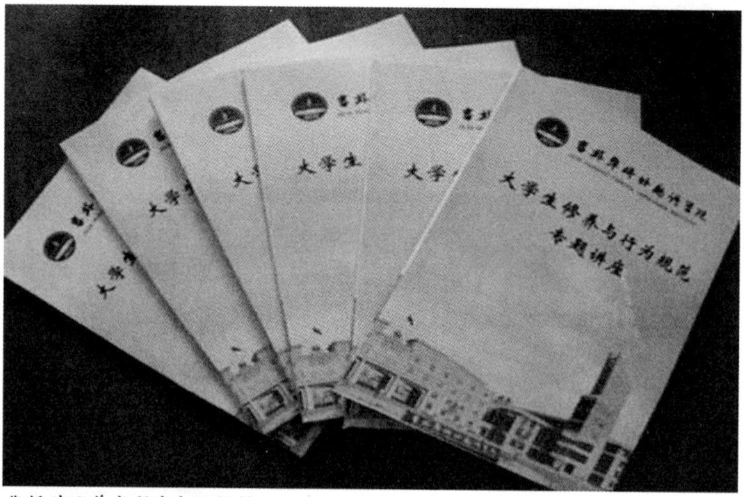

华桥外院养成教育自编教材

《正确处理大学时期的恋爱》《学会沟通、学会与人相处》《天下大事必从细而做》《培养诚信意识、传承诚信精神》《艰苦奋斗、刻苦学习》《大学生如何在失败与挫折中前进》《做知识、能力、人格全面发展的大学生》《提高公关意识、增强公关能力》《牢记校训、建设优良校风、学风》《走成人、成才、成功之路》。

“德育为先”，也是秦和始终在践行的人生准则。秦和不仅是这么要求学生的，她也是这样身体力行的。在她看来，德育不仅是一种认识，更是一种实践，相比于空洞的说教，言传身教更加有效。

秦和一直倡导“简单做人，踏实做事”的原则。她告诉师生们，做人要简单，师生间要简单，同事间要简单，不要去想那些世俗的事情。她常说：“不能给领导送礼，送礼就革职，年轻老师给领导送礼，老师和领导一同革职。”

秦和自己的生活十分简单，但对师生，她却倾注了浓浓的爱心：她为贫困学生减免学费；为职工解决生活困难；逢年过节，她都要为教工们买礼物，组织师生联欢娱乐；经费再紧张，她也要在教师节为中外教师送上问候和关怀。她常说："我是个对待生活很容易满足的人，可是，对我亲手创办的事业，对民办教育，我永不满足。"

秦和一直非常关心贫困学生的学习和生活。她常说："不要让一个学生因为贫困而辍学，大家要经常与贫困学生沟通和交流，帮助他们解决各种困难。"在她的带动和号召开下，校领导、老师、学生对贫困生给与许多帮助和关怀。同时学校还建立了以"奖、助、勤、贷、减、免"和新生"绿色通道"为内容的全方位、多层次的奖助体系。每年拿出专项经费资助贫困学生，尤其对于孤儿实行学费减免倾斜政策，使他们感受华桥外院大家庭的温暖和幸福，安心学习。

英语学院的陈明同学就是其中一个例子，他现在已顺利毕业。陈明同学出生在一个农民家庭，父母没有文化。七岁那年，父亲在铁路事故中失去了生命，母亲独自把他拉扯大。读书的费用是哥哥供的，哥哥读完小学三年级就辍学了。秦院长在了解到他的情况后，非常关心他的成长，为他减免了学费。陈明同学非常感动，大学里学习一直非常刻苦，从大一下学期开始几乎每天练两个小时英语，拿着复读机在公共教室，一句一句读，2010—2011学年度被评为优秀大学生。2010年9月初，他作为华桥外院英语学院唯一的学生，担任"中国（长春）2010 中国欧洲贸易交谈会"陪同翻译兼执行总监助理。如今，他在吉林送变电驻尼日利亚项目部就职，他非常感谢华桥外院，感谢秦院长对他的帮助，感谢华桥外院的老师所给予他的一切。

西语学院德语系2005级学生周漫，因父亲突然病故，讨债的人将她娘俩逼得变卖了房子等所有财产，暂居在舅舅家。面对如此困窘的家境，她咬着牙向学校提出了退学申请，秦院长知道后，把她叫到办公室，像妈妈一样鼓励和安慰她，并对她说："我个人资助你完成学业"。2009年周漫顺利地完成了学业，也因此改变了她的人生，现在周漫成为大连外贸公司出色的业务骨干。毕业时，周漫在火车上给辅导员发来短信说："老师，我已经走了，没能和秦校长打声招呼，可我心里一直有句话要对她说：校长的恩情我永远记在心里，我一定会成为对得起她、对得起学校的优秀毕业生。"

此外，秦和设立了"校长奖学金"，与国家奖学金的金额相同，也是8 000元。这是所有奖学金中奖金最高的奖项，用于表彰品德优秀、成绩优异的学生。

秦和为学生颁发"校长奖学金"

2008年5月12日，四川发生8级大地震。灾情不仅牵动了华桥外院全院师生的心，更牵动了远在北京开会的秦和的心。参加北京会议期间，秦和就不断打电话回去询问华桥外院四川籍学生的家乡受灾情况，并指示相关部门关注灾情，关心那些远离故乡，在华外求学的四川籍的学子们。19号早晨刚从北京回来的秦和到校的第一件事就是急切地询问灾区学子的现状。当了解到四川籍学生家中没有因此次地震造成重大人员伤亡时，秦和的心才稍稍平静了些。

5月19日中午，秦和在党委、院办、学生处等各职能部门领导、各学工办主任、辅导员的陪同下又冒雨来到了学生寝室，看望那些家乡受灾的四川籍学子们。询问了部分同学的具体情况之后，她鼓励大家："要相信党和政府，要相信中华大家庭的力量，灾害无情人有情，受灾的同胞们不是在孤身作战，全国人民的援助和支持会成为灾区人民的坚强后盾；同样，同学们也不是孤立无援的，华外就是同学们的家，不管遇到多大的困难，华外的师生们会和你们站在一起，支持你们，帮助你们。你们更要拿出勇气和毅力来，拿出当代大学生的拼搏精神来，面对现实，接受考验，自强不息，做灾难面前的强者。"说到动情处，四川籍学子们泣不成声，眼含泪水的秦和就像宽慰自己的女儿一样为她们抹去泪水，将她们拥入怀中。周围的师生无不为这一动人场面湿润了双眼，有一些同学用自己的相机记录下了这一珍贵的瞬间。

2009年10月，随着甲型H1N1流感在长春各大高校的日益猖獗，华桥外院也出现了疫情。为防止疫情蔓延，学校决定停课，对病患进行隔离治疗。秦和不顾被传染上的危险每天深入寝室看望学生，关心学生，缓解了同学们的恐惧心理。她还给生病的学生买水果，亲切地和学生说："不要害怕，按时打针、吃药，我和医生、老师们就在你们身边。"学生们都非常受感动地说："院长您也要注意休息。我们一定能战胜甲流，华桥外院一定能战胜甲流。"全校师生在秦院长的带动下，个个坚守岗位，日夜守护在学生身边，关心学生。很多家长都打来电话对秦院长、对学校表示感谢。感谢院长对他们的孩子母亲般的关心，感谢学校像家一样的温暖。

作为一校之长，用"日理万机"来形容秦和的工作状态一点儿也不夸张。笔者前去采访时，总是坐在校长办公室门外的长椅上等候，前来与秦和沟通各种事宜的师生排成长队，从早到晚，没有间歇。一天中午，都两点钟了，秦和的秘书孙秀静老师拿着两根老玉米走了进去。孙老师解释说："这就是秦院长的午餐，她总是这样，工作起来就顾不上吃饭，甚至会忘了吃饭。"

秦和看望学生

正是因为这样长期高负荷的工作，不能正常作息和吃饭，2014年春天，秦和大病一场，终于累倒了。医生让她住院治疗，秦和最初怎么也不肯去，学校还有很多事等着她去干呢，怎么能躺在病床上。为此，华桥外院的老师们不得不给她做工作。华桥外院党办主任杨春平说："秦院长，您的身体不只是您自己的，也是华桥的，国家的，您就住院治疗吧！"招生就业处处长苗晶说："您就放心接受治疗吧，学院里有我们呢！"就这样，秦和才不得不住进了医院。

尽管如此，住院期间秦和仍是手机不离手，电话短信不断，随时与外界沟通有关学院的重大事宜，关心学院的点点滴滴。病情刚有好转，医生建议再留院休养观察几天，秦和却着急出院。非营利性高等学校联盟秘书处的杨淑秋是秦和多年的老朋友，她诚恳地劝秦和听医生的话："别太拼了，还要干几十年呢不是吗？"秦和拉着她的手，只说了一句话："姐姐，我是校长啊！"杨淑秋一时感动得说不出话来。

在医院住了两三天之后，秦和带着大病初愈的身体赶回学院，继续主持各项工作，一刻也不停息，见到她的师生们都心疼得流下泪来，只能用加倍的努力来回报他们的院长。

杨春平哽咽着说："秦和校长的时间都在工作，除非是非睡不可。她经常出差，但是从来没有在外游山玩水，而是将每一分钟都用在了为学校谋福利，求发展上。经常是早上六点从华桥外院出发去北京开会，晚上十一点钟又飞回学校，因为她惦记着学校，惦记着她的工作，她的师生。"

秦和就是这样，用她高尚的品德和无私奉献的精神做着表率，影响、感染着华桥外院的全体师生。

四年规划　五个学会

为了学习国外先进的办学理念和思想，秦和曾赴国外深造。她发现，在美国，从小学教育开始就要求学生融入社会，了解社会，为将来成为创新型人才做准备，中学时学生就具备实践能力，到了大学时，已经知道自己的兴趣所在，很容易选择到适合自己的专业。在实践中的磕磕碰碰让学生能够比较好地意识到自己的优势与不足，这样就有了职业生涯规划目标，在大学的学习就有了方向，这样的人一出校园就是精英。

相比之下，我国现在的很多大学生，虽然整天埋头苦学，但是缺乏社会实践，没有融入过社会，很多学生是被动地选择专业，被动地学习，毕业后很难适应社会，很难坚持到底。

社会融入度低，是现阶段学校教育的一个薄弱环节。秦和认为，中国学生之所以社会融入度低，是因为学生对职业生涯和学习生活普遍缺乏规划。因此，秦和的学校要帮助学生做好规划，引领学生成人、成才、成功。

秦和常常教育学生："机会只留给有准备的人。同学们首先要对自己要从事的职业方向有所规划，并随时进行行业知识储备。自己要有明确的方向，才能找到奋斗的目标。接下来就是如何实现目标，这就涉及方式、方法的问题。比如，从事翻译行业，首先要具备扎实的专业知识，知识储备一定要深厚，而且要有肯吃苦、不断进取的精神。有什么样的精神面貌，就会取得什么样的行动效果。学校也会通过志愿者和社会实践活动，尽可能地为大家提供接触社会的平台。学生应当抱着积极阳光的心态，具备扎实的专业基础知识，明确自己的人生定位和发展规划，时刻做好迎接挑战的准备。”

在秦和看来，教育是培养人的事业，教育者必须要具备高度负责的精神，要对得起家长的信任、学生的时间、社会的关注和教育者的良心。她认为，学生是学校一切工作的归宿。学校要满足学生的学业需要、心理需要、生活需要、职业需要和发展需要，必须帮助学生做好人生规划。

因此，在华桥外院，入学第一年就为学生设计职业生涯规划，包括成长成才记录、心理健康记录、拓展记录和家庭记录，并从大一到大四进行全程跟踪。秦和强调，学校的很多文化建设都应该指向这样的核心理念——给学生一个安静的环境，让他们能够静下心来学习。学校要求学生大一大二必须专心学习，打好基础，假期的时候一定要访问名人，深入社会。

秦和与学生们谈定位，做规划

华桥外院在很早的时候就设计出了本科全套人才培养规定及方案，设置了从大一到大四的《本科全套人才培养方案》，为人才培养指明了方向，并和职业人、专家学者及离校的毕业生一起进行了缜密的、精细化的人才培养全过程的讨论和设计，对该方案不断完善。这个人才培养方案中包括知识目标、能力目标和人格目标，其核心就是突出学生能力培养，突出未来合格职业人的培养，这正是华桥外院学生就业好的原因。

按照秦和的思路，华桥外院的老师们进行了一些设计，对学生一入学，大一、大二、大三、大四每一阶段要学什么，要掌握哪些知识，掌握哪些能力，要具备哪些素质都有所规定。在这四年中对学生分阶段，分层次地培养，然后有许多的方案和措施加以支撑。到2004 年，华桥外院开始推行全套人才培养规格实施方案，规定从新生入学教育的第一天开始，就同步进行毕业指导教育，使学生在大学生活的每一阶段里都有明确的学习目标和学业努力的方向。

在每年的新生入学讲座中，秦和都会和学生回顾华桥外院发展的历程，谈自己的办学理念和核心目标。关于“为什么要上大学”，秦和指出，上大学不是简单的学习、简单的就业，大学的使命是教育和引导学生“学会学习、学会做人、学会做事、学会与人相处、学会关心社会”。“大学之道在日月明德，在亲民，在止于至善”。

因此，从进入华桥外院的第一天开始，就要有远大的理想和合理的规划。秦和从介绍学校全套人才培养方案和“知识、能力、人格”三位一体的培养模式的角度，对同学们的大学生活提出了具体的希望和要求。她特别强调，人的成功在于三个要素，一个是正确的思考方式，一个是积极的心态，一个是良好的习惯。她希望同学们能够做到心静如水、心明如月、心宽似海、心坚如钢；能够理解和践行学院的校训、校风和学风，做学校发展的参与者和创造者。秦和从现实和未来相结合、学校和社会相统一的高度为同学们设计了未来的蓝图，要求同学们做高尚的人、有道德修养的人、有理想有目标的人、对社会高度负责、为公众主动服务合格的社会人；做一个具备职业精神、职业责任、职业知识、职业能力的职业人。

秦和给新生做报告

华桥外院在学生培养上，提出要让学生在大学四年要“五个学会”：学会学习，学会做人，学会做事，学会与人相处，学会关心社会，这也是秦和洞察到当代大学生所欠缺的各个方面。

学会学习。现在是知识和信息时代，大学四年学到的知识仅仅是基本概念、基础知识，是知识海洋中的沧海一粟，况且，知识变化的周期越来越快，只有学会学习才能按准时代跳动的脉搏，才能跟上时代发展的步伐。要学会学习，既要学习专业知识和人文知识，不断提高自己的理论修养，还要在社会实践学习，善于在实践中总结经验，提高自己各方面的能力。秦和建议学生们“不要为了专业证书而活”，学习“没有任何借口”，能够“啃骨头”才是增强内驱力、提高能力的办法。

学会做人，就是要做一个有健全人格、有高度社会责任感、有强烈创新精神的人。在任何时候、任何情况下，都不要惧怕逆境和挫折，要始终保持健康的身心状态。同时要常怀感恩之心，一个懂得感恩的人，才是心胸宽阔的人。

学会做事。华桥外院有一句大家熟知的话，叫作“天下大事必从细而做”。大家走上工作岗位后，一定会发现大家能做的工作不都是轰轰烈烈和振奋人心的，大多是一些平凡而琐碎的工作，但平凡里含着伟大，琐碎中常有创新。只要大家踏踏实实地去工作，持之以恒，每一件小事都可以变成伟大。

学会与人相处，就是要严于己而宽于人，珍视友谊，诚信待人。善于和别人友好相处，学习别人的长处，遇事不骄不躁、不卑不亢、不求全责备，要学会换位思考，同事之间出了问题，要多从对方的角度来看问题、想问题和处理问题，体验对方的感受，同时还要学会自检，只有这样，才会和谐相处。

学会关心社会。这是人的本质，也是成功人士必须具备的思想素质。社会是由个人组成的，每个人都离不开社会，每个人的一切都和社会息息相关，所以，我们要关心社会、理解社会。用辩证的观点来分析一切社会现象，要热爱本职工作，争做一个合格而优秀的职业人。不管做什么工作，都必须有坚定的职业理想，有良好的职业道德，优秀的职业素养。在学生培养目标上，秦和首先想的是学生进学校的这四年到底要教给学生什么，怎样得他们出去之后，真正的能为社会所用，真正的能为社会做贡献，真正的能达到学生和学生家长来校之初的期望值。

五个学会

正是因为华桥外院的学生有了很好的规划，他们一进校之后就有了方向，有了“五个学会”的要求，有了更加明确的目标，经过四年严格的磨砺和训练，华桥外院的就业率一直很高，毕业生以“勤奋敬业、专业扎实、诚实守信”受到了用人单位的普遍欢迎，并且在校友中形成了良好的口碑。

具有良好公信力的中国第三方教育数据咨询和质量评估机构——麦可思公司发布的2009年度非211本科院校就业能力排行榜中，华桥外院在东北地区排名第三位。该机构对华桥外院2012届毕业生毕业半年后的社会需求与培养质量进行调查，毕业生就业总体能力满足度、总体知识满足度、求职成功次数、月收入、职业吻合度、就业现状满意度、校友对母校满意度等指标均高于全国非211本科院校。其中华桥外院的校友推荐度位居榜单第一，达到83%。换言之，100名华桥毕业生中，有83名愿意推荐母校给亲朋好友去就读。

为此，秦和倍感欣慰。众所周知，哈佛等西方知名学府，是以校友推荐率来衡量办学水平，秦和格外看重校友推荐度，也希望以此衡量校友对学校的忠诚、热爱和感激的程度，反映校友对母校教育成功的认可。秦和曾多次在出差途中遇到华桥外院的毕业生，他们或与秦和畅谈交流，或与秦和合影留念，这让秦和非常高兴。她说："桃李满天下，这是身为老师最大的成就感之一。"

华桥外院先后被授予"全国企业招聘首选十佳民办高校""全国学生就业实力十强民办高校""吉林省普通高等学校就业管理工作先进集体"称号。

在2014年7月教育部组织的"全国毕业生就业典型经验高校"遴选中，华桥外院成功入选"2014年度全国毕业生就业50所典型经验高校"。

教育部"全国毕业生就业典型经验高校"遴选表彰活动于2009年9月开始启动，每年度分别在全国范围内的各级普通高等学校中遴选50所就业工作具有典型示范性、高质量、高就业率的高校，并授予“全国毕业生就业典型经验高校”荣誉称号，该荣誉也被业界人士称作“全国高校毕业生就业工作50强”。教育部评选50所全国毕业生就业典型经验高校，旨在落实党中央、国务院关于加强高校毕业生就业工作的重要指示，推广经验，促进高校提升毕业生就业水平，推动以就业和社会需求为导向的人才培养模式改革，开创高校毕业生就业工作新局面。

秦和最喜欢与学生们在一起

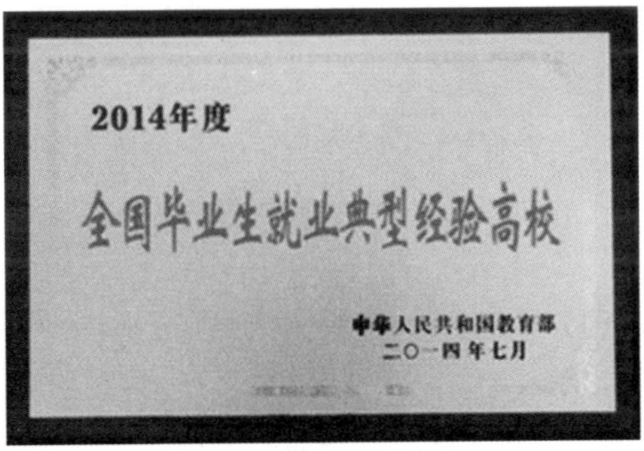

华桥外院荣获2014年度“全国毕业生就业典型经验高校”

经过申报推荐、专家初评、第三方社会调查，华桥外院在通过初评后，于2014年5月27日接受了检查，以西南民族大学曾明校长为组长的教育部专家组一行四人进校实地调研。专家组考察后一致认为华桥外院的就业工作扎实，成绩显著，特别是学校在一把手工程落实、学校人才培养目标、就业创业队伍建设、就业服务体系、就业信息平台建设等方面成效显著。

华桥外院的创新创业教育成果也得到吉林省相关部门的充分肯定。2012—2014年，共有119个创新创业项目被列为省级计划。华桥外院毕业生先后获得“第六届吉林省高校毕业生十大创业先锋”“长春市百名青年创业人才”荣誉称号。吉林省财政厅先后共拨付150万元大学生创业专项补助资金，支持华桥外院大学生创业园建设。华桥外院大学生创业园被吉林省人力资源保障厅确定为省级大学生创业园和省级创业培训基地。

秦和表示，成功入选“全国毕业生就业50所典型经验高校”，是国家对华桥外院就业工作的充分肯定和鼓励，更将促进学校人才培养质量的进一步提升，学校将以此为新起点，努力实现更高质量的就业，为把学校建成非营利性高水平民办大学注入强劲动力。

在分享华桥外院毕业生就业的成功经验时，秦和指出，华桥外院最重要的经验之一就是抓住了当代大学生存在的薄弱环节，进行了良好的职业生涯规划，并围绕这一规划，从“五个学会”等各个方面进行培养，各个环节都下足了功夫，所以才会取得今天的成功。

秦和在华桥外院大学生创业园了解学生创业项目进展情况

质量第一　特色兴校

质量是高等教育的生命线。从世界角度来看，在高等教育大众化的浪潮下，教育质量面临着巨大的挑战。我国也是如此，1999年扩招之后，许多高校的投入、师资和管理跟不上，给教育质量带来了巨大的冲击，甚至引发了“中国高等教育质量危机”的担忧。

在中国高等教育大众化背景之下逐步发展壮大的华桥外院，对于质量问题，秦和始终保持着清醒的头脑。办高水平、高质量的大学，一直是秦和坚守的理念之一。

秦和说，回顾华桥外院的发展历史，之所以能够从无到有，从小到大，从专升本，走出一条跨越式的发展道路，成为“首届中国民办高校综合实力20强”，靠的就是办学的质量。华桥外院发展和前进的每一步，都离不开质量，今后要申硕，办多学科、多语种、多层次的应用型外国语大学，仍然要靠质量。狠抓教学质量，是华桥外院精品办学的必然要求，也是学院工作一以贯之的主题。

虽然学校的发展壮大带来了规模性效益，但是秦和始终严格控制学校的规模，避免过度发展带来的弊端，并没有为了多收学费而盲目扩大招生规模。

此外，秦和提出，学校发展过程中所有的经费收入都用于教育教学的质量改善。秦和坚持将质量落实到标准上，在各个方面都细化标准，通过标准化的管理来保障质量，并形成学校制度。与此同时，秦和还注重加强质量的监测和评估，及时了解质量状况，以便及时反馈，及时改进。

秦和说，华桥外院办学特色的核心内容就是“练内功，创品牌”，这个核心的支撑点就是教学质量。为了践行“一切为了学生的成人、成才、成功”的办学理念，为了实现国内一流民办外国语大学的奋斗目标，必须始终握紧质量这条学院生存发展的生命线。抓质量，就是为了建设合格的本科院校，为将来发展打下坚实基础。

围绕这一基本目标，华桥外院通过三条途径展开了质量管理和监测工作。第一是通过深化教学改革抓质量，主要有四项工作：制定实施各专业人才培养规格方案，完善课程体系；实施精品课程建设工程；推行学分制管理试点；获得学士学位授予权和“申硕”。要按照培养实用型、复合型、外向型外语外事人才的总体培养目标，建立全套人才培养规格方案，体现学院的特色和市场的需求，使学生一入学就明确目标和方向。

第二是通过建立健全内部机制抓质量，重点是管理和监控两个体系的建设、师资和管理干部两支队伍的建没。管理体系主要是工作的制度化、程序化、规范化，在这个基础上达到法制化，才能通向国际化。监控体系的建设尤为重要。过去国内往往重视管理体系的建设，忽视监控体系的建设，结果使管理工作只做了一半。监控是更重要的一步，缺少这一步，就会使管理制度和管理体系架空。华桥外院目前实行的教学质量“三级评估”办法、教学督导、信息员制度等，都是为了加强对教学过程和教学质量实施及时、有效的监控和反馈，及时发现和解决问题，准确评估和评价教学质量。

此外，学院通过实施“名师工程”，采取一系列具体措施，提升教师队伍的整体水平和素质。师资队伍建设着眼宏观，加强梯队建设，形成科学合理、后劲十足的学科、专业、年龄、职称、学历结构。

第三是通过“三风”和校园文化建设抓质量。“三风”指校风、教风和学风。风气看似无形实则有形，好像摸不着实则常常在。风气和文化潜移默化地影响置身其中的每一个人、每一件事。“三风”和校园文化建设实际是华桥风格、华桥品位和华桥精神的建设，是一项极其重要，需要持之以恒，常抓不懈的精神文明建设工程。

在抓质量的同时，秦和也意识到，学校的质量一定是有特色的质量，不是泛泛的质量。秦和特别注重学校的特色发展，坚持把外语做实、做强，培养实用型、复合型和外向型人才，创建品牌专业，以适应经济发展的实际需求。华桥外院坚持“外教主讲，小班授课，综合培养，全程管理”这一办学特色，逐步形成了一套独具特色的外语教学模式。

双语学院中外教师举办特色专业建设研讨会

此外，秦和发现国内许多高校第八学期都没有教学安排，而是任由学生出去实习，出现了教育缩水的情况，这不仅造成教育教学中人力、物力资源的巨大浪费，严重影响人才培养质量，还形成一种急功近利的浮躁风气。针对国内高校中普遍出现的“缩水的高等教育”，秦和提出了华桥外院独特的“不缩水的高等教育”，为本科毕业生进行为期八周的“综合技能训练”，给学生以完整的、全面的、高质量的教育。

秦和要华桥外院的全体教师时刻铭记，学校办学特色的核心内容就是“练内功，创品牌”。华桥的质量管理就是按照这一思路扎扎实实地去做、去落实，并且在日后的办学中一直坚持贯彻、执行着的。这是华桥外院的坚守，也是秦和办学思路的坚守。

十年奋斗　矢志不渝

2005年3月1日，纪念“三八”国际劳动妇女节95周年暨表彰大会在首都北京举行，中共中央政治局委员、全国人大常委会副委员长王兆国，中共中央政治局委员、国务院副总理吴仪，全国人大常委会副委员长何鲁丽，全国人大常委会副委员长、全国妇联主席顾秀莲，全国人大常委会副委员长乌云其木格，全国政协副主席郝建秀等党和国家领导人出席会议。

就是在这次大会上，秦和作为吉林省首位入选的“中国十大女杰”受到表彰，全国人大常委会副委员长王兆国、国务院副总理吴仪亲自为她颁奖。

2005年秦和光荣当选第五届中国十大女杰

会上，秦和代表十大女杰第一个作了题为《献身教育 我心永恒》的精彩而感人的发言。

秦和首先简要回顾了自己艰苦的创业经过和办学历程，她动情地说："办学以来，我们始终坚持社会效益第一，坚持办学要'无愧于社会的关注，家长的信任，学生的时间和教育者的良心'，坚持一切为了学生'成人、成才、成功'的先进理念。我在国外攻读教育学博士时，许多百年大学的公益性办学思想给我留下了深刻的印象，使我日后坚定不移地把走公益性道路的办学思想写入了学院章程。《民办教育促进法》规定，公益性办学有两种，一种是可以要求取得合理回报，另一种是不要回报。我选择了后者，规定办学所取得的积累金全部用于教育事业。因为学生属于国家，学校属于社会，我个人不可能拥有。也只有这样，华桥外院才能走向世界，成为百年大学。"

在讲到华桥外院先进的办学理念和指导思想时，秦和分享了自己的经验。一个学校、一个民族、一个国家，谁真正把握好教育所特有的先进理念和时代脉搏，并且保持全面协调健康地持续发展，谁就会走上成功的光明大道。在办学实践中，华桥外院始终坚持“面向市场、突出特色、苦练内功、精品办学、打造品牌”的指导思想，始终坚持“外教主讲、小班授课、强化听说、突出特长、全程管理、综合培养”的独特教学模式，坚持使学生知识、能力、人格一体协调发展，学会学习、学会做人、学会做事、学会与人相处、学会关心社会。在华桥外院，中外教师们严谨治学，科学施教，敬业爱生。尤其是来自美、加、德、法、日等国的46位外籍专家，他们将不同的语言，不同的文化，先进的教育理念和先进的教学方法融入了华桥外院，使华桥外院真正成为中华儿女成才，走向世界之桥梁，中西方文化合璧之桥梁。

说起华桥外院培养的毕业生，秦和心中满溢着自豪感，她激动地说：“九年来，从华桥外院走出的毕业生有3 000多人，他们大都以‘敬业精神好、综合素质高、听说能力强、上岗适应快’的良好形象，得到了用人单位的肯定和欢迎。前不久，按照新的高校毕业生就业率统计办法，华桥外院以专科毕业生98.2%的就业率，位居全省第一！”

秦和说，她常常思考，一个人受教育的终极目标到底是什么？那不应该是单纯的学习知识和简单的就业，而应是做一个健全性格的人、一个高尚的人、一个全面发展的人、一个对社会有用的人。为此，华桥外院将一个“外语+诚实=择业”的公式送给学生。学院还定期组织学生到孤儿院送温暖、支持抗洪救灾、为西部贫困母亲修建水窖、安置下岗女工再就业、捐款兴建春蕾小学、积极参加无偿献血等公益性活动，以此来不断提升华桥外院师生强烈的社会责任感和崇高的精神境界。

最后，秦和向全国女性发出了呼吁，同时表明了自己的决心。她激动地说：“几年来，我先后获得“全国三八红旗手”“促进中国经济发展成功的企业女性”等荣誉称号。在这里，我要对全国的姐妹们说，一个人有多大的精神世界，就有多大的事业；有多大的胸怀，就有多大的人生舞台。感谢这个时代，让我梦想成真。我坚信，一百年以后，中国的民办高等教育一定会出现像美国哈佛一样的世界私立名校，而我们这一代人，甘愿做中国民办高等教育发展过程中的铺路石，甘愿为社会培养更多的有用人才，甘愿为这个伟大的事业而奉献终生。我给自己设定了一个目标：再干30年，30年之后，我要把这个学校完整地交给社会。”

秦和的发言感染了在座的各位领导和各界巾帼代表们，王兆国、吴仪、顾秀莲等领导同志率先鼓起掌来，人民大会堂议会厅内不时响起一阵高过一阵的热烈掌声。

在秦和看来，“十大女杰”这一荣誉称号，既是对她十年办学奋斗历程的一种肯定，更是对她的一种鞭策。

十年奋斗，矢志不渝。

秦和用自己的胆识、智慧和执着书写了精彩的人生。

十年磨砺，新的里程。

十年前，华桥外院迎来了第一批自己的学生。

七年前，华桥外院的第一批学生毕业。

2005年，华桥外院创办十年，又赢来了一个骄人的时刻。

4月23日，华桥外院的学士学位授予评审工作全面展开。

秦和就华桥外院的办学历程及发展情况，办学特色及基本经验向专家们作了全面汇报。秦和指出：华桥外院在不到10年的时间里，在省政府、省教育厅的正确领导与关怀下，经全院教职工的艰苦奋斗，三次搬迁，三次更名，三次飞跃，实现了跨越式发展。在首届本科生毕业之际，迎来了学士学位授权评审专家组，这是对我院几年来办学过程的一次全面回顾和总结，是对我院办学条件、办学水平、教学质量的大检阅和大检查，对进一步推动学校的全面建设和办学水平有着特殊的重要意义。理事会秘书长邓必鑫代表学院作了自评汇报。

之后，专家们认真审阅了申报资料，经评审，专家们一致认为：华桥外院办学规模适中，定位准确；师资队伍符合办学目标，能够基本满足教学需求；课程设置较合理，教学质量良好，教学设施完备，图书资料能够基本满足学生撰写论文的需要；生源、就业和社会声誉良好，管理严格，制度健全高效。吉林华桥外国语学院已经具备了学士学位授予单位的基本条件，3个申请专业已具备学士学位授予专业的基本条件。同意华桥外院新增为学士学位授予单位，同意该院英语专业新增为学士学位授予专业。与此同时，专家组对学院办学给予了指导，希望华桥外院进一步加强师资队伍建设和学科建设，提高学术研究水平，规划专业发展目标，进一步完善实践教学环节。

评估是一种动力、一种机遇，一种全面加强教学建设，提高教学质量的手段。评估重在过程，功在长远。

5月12日，吉林省学位委员会下文批准吉林华桥外国语学院列为学士学位授予单位。

华桥外院2005届学士学位毕业生合影

华桥外院列为学士学位授予单位，标志着学院的发展进入了新的里程，也标志着吉林省在民办教育发展上迈上新的台阶。潮平两岸阔，风正一帆悬。华桥外院将以此为新的起点，巩固取得的成果，加强学院的软硬件建设，进一步强化教学工作的中心地位和教学质量意识，坚持教育创新，深化教学改革，向着更高的层次迈进，以更鲜明的特色，更好的办学水平为民办教育事业作出更大贡献。

9月20日，秋高气爽，阳光明媚。这是一年中校园最美的季节，花园般的校园里，已是硕果累累，树绿果红。这也是华桥外院值得纪念的日子——十周年的诞辰。

上午，全院师生欢聚在体育场上，在雄壮的乐曲声中，各院系的学生统一着装，排着整齐的队伍，精神抖擞，依次经过主席台。借校庆之机，校第七届运动会也如期举行，这象征着华桥外院筚路蓝缕，负重拼搏的历史，更激励全院师生以奥林匹克精神为动力，为华桥外院民主化、法制化、国际化的办学目标奋勇攀登。

参加庆典的有来自美国、韩国、法国、俄罗斯、日本等国家的外宾，韩国昌信大学校长姜秉道先生称赞华桥外院用短短十年的发展创造了“桑田碧海”的奇迹。

晚上，华灯初放，夜色阑珊。学院里张灯结彩，火树银花，“走向辉煌”校庆文艺晚会在体育场隆重举行。

十年耕耘，薪火传承，华桥外院吟歌，同欢九霄。中外师生载歌载舞，共同演绎了一台精彩纷呈的文艺晚会。由校团委和学生会自编自导的歌伴舞《世界桥》掀起了晚会的第一个热潮。学生们把学院比做一座通向四面八方、促进和平友爱的世界桥，承载莘莘学子走向世界，走向未来。以“爱我中华”为主题的民族舞和外国民

秦和参加华桥外院建校十周年庆典活动

族舞串联，蕴含了以外语专业为主的办学特色以及学院对学生弘扬民族传统文化的教育。配乐诗朗诵《华桥外院赞歌》，词藻优美，气势恢宏，声情并茂，感人至深，引起了现场观众的共鸣。中日教师共同演唱的《月亮代表我的心》、学生们的小合唱《飞得更高》和《和未来有约》，舞蹈《热情》《步步高》等节目都十分精彩，广大师生用歌舞表达对学院诞辰的祝福，抒发对学院的热爱之情。来自世界各地的外籍教师以不同的肤色和语言融入了晚会，用激情四射的舞步表达了他们美好祝愿。在充满希望与祝福的大合唱*We are friends*的歌声中整场晚会演出落下了帷幕。

晚会结束后，五颜六色的礼花升腾而起，凌空盛开，姹紫嫣红，光彩夺目。一束束绽放的礼花，一张张灿烂的脸庞，一阵阵欢快的笑语，一叠叠沸腾的热浪，火热的激情在这里澎湃成了一支欢乐而和谐的祝福交响曲，共同的歌声、共同的祝福、共同的希望久久地在校园里回荡，欢乐、祥和的气氛弥漫于校园的每个角落。广大师生尽情地享受这欢乐之夜、璀璨之夜，他们要记住这难忘之夜、不眠之夜，他们共同祝福华桥外院明天更辉煌！

十年磨一剑。

十年的华桥，十年的秦和。

梦的腾飞

“我崇尚那种超越于经济效益之上的教育境界，那是一种社会责任，是一种精神追求。没有奉献精神办不好大学。一个人再奢华，也无外是一张床、一只碗，而教育是值得倾注生命的事业。”

——秦和

非营利性　公益办学

早在国外攻读教育学博士时，一些百年以上的私立大学的公益性办学思想就给秦和留下了非常深刻的印象。那时，秦和就在心中感慨：美国的许多常春藤盟校都是私立大学，为什么中国不能有一所世界闻名的私立大学呢？

坚持公益办学，中国有着悠久的历史传统。早在几千年前，中国就有许多捐资兴办的私塾、书院等。步入21世纪，中国的公益性、非营利性办学作为一种理念也一直得到认可，但是在具体实施过程中，如何实现非营利性办学仍旧是一个全新的课题，还面临产权安排、配套制度等各个方面的挑战。

我国的《民办教育促进法》规定，公益性办学有两种，一种是可以要求取得合理回报，另一种是不要回报。秦和选择了后者，规定办学所取得的积累金全部用于教育事业。办学之初，秦和就把坚持公益性办学思想写入学院章程，因为学生属于国家，学校属于社会，个人不可能拥有。秦和认为，只有这样，华桥外院才能走向世界，成为百年大学。

秦和用她的实际行动破解了制约中国民办高等教育的产权制度瓶颈，她的这一选择，体现了她的远见卓识和人生价值追求，彰显了她对教育无私奉献的情感和崇高的教育公益性情怀。

2006年11月10日，这是一个令华桥外院学子永远铭记的日子。

上午9点，庄重朴素的学院多功能厅里已经悬挂上了横幅“吉林华桥外国语学院财产处置公证仪式”，全体教职工和部分学生代表已经就坐，主席台上的领导有吉林省委、省人大、省政协等相关部门的领导。引人注目的是主席台右侧两位长春市信维公证处的公证员。

2006年吉林华桥外国语学院财产处置公证仪式

在主持人宣布公证仪式开始后，吉林华桥外国语学院创办人、院长秦和博士走到主席台前，她一身正装，站在摆放鲜花的发言席前，发表郑重声明：

关于吉林华桥外国语学院财产处置的声明

尊敬的林炎志副书记、刘淑莹副主任、陈晓光副省长、孙耀延副主席，各位领导、老师、同学们：

今天是一个永远值得铭记的日子，我怀着十分庄重的心情，向社会发布吉林华桥外国语学院财产处置的声明，终于把多年来坚持公益性办学，不要个人回报的夙愿付诸实践。此时此刻，我感到无尚的光荣与幸福，也感到无比的快乐和欣慰。

秦和在财产处置公证仪式上郑重承诺

兴教、育人是我毕生的追求和理想，为国家培养综合素质高的外语外事人才是我永远不变的初衷，也是我对国家应尽的社会责任和义务。

记得我在国外攻读教育学博士时，许多百年大学的公益性办学思想，给我留下了深刻的印象和无限的启迪。那种献身教育事业的崇高信念，那种取之于社会，回报于社会的非营利理念，那种为社会培养有教养的合格公民的自觉精神，深深地打动了我，使我在办学之初，就把坚定不移地走公益性道路的办学思想写入了学校的章程中。

正是在公益性办学原则的引领下，在政府和社会各界的大力支持下，在全院师生的共同努力下，历经十余年的艰苦创业，学院从无到有，从小到大，滚动积累，形成了数以亿计的学校资产。

华桥外院的历史很短，任重而道远，只有依靠更加强烈的社会责任感和服务普通大众的职业操守，谋划未来发展方向和空间，华桥外院才能真正走向世界，成为像美国哈佛大学一样的世界私立名校，成就百年梦想。

坚持公益性办学原则，坚持端庄的办学思想是我矢志不渝的信念，我愿在有生之年，持恒拼搏，成为中国民办高等教育发展过程中的铺路石，把我的一生奉献给我所热爱的教育事业。因为，我深知，学生属于国家，学校属于社会，我个人不可能拥有。

为此，作为吉林华桥外国语学院创办人、举办者和法人代表，在家人的全力支持下，我郑重做出具有法律效力的声明：吉林华桥外国语学院偿还债务后的所有财产，在我身后，全部留给社会，继续用于发展国家的教育事业。

掌声，一次次地在会场上响起，经久不息。

尽管事前一些老师和同学已经知道今天会议的内容，了解了秦和院长公益办学的夙愿和决心，但当秦和以这样一种公证的形式，庄严地宣读出这份财产处置声明时，在场的许多老师和同学还是抑制不住地流下了热泪，为他们尊敬的秦和院长心系教育、情系教育、奉献教育、兴教育人的宽广胸怀和崇高的思想境界所感动，他们全体起立，长时间地热烈鼓掌，这掌声久久回荡在华桥外院上空。

在公证人员宣读完公证书后，省教育厅李军厅长、吉林省民进委员会副主委肖世荣、省委副书记林炎志先后发言，他们高度评价了秦和的义举和境界。

吉林省委副书记林炎志在公证仪式上首先代表省委、省人大、省政府、省政协对秦和同志此举表示由衷的支持和钦佩。

他指出，教育事业历来都受到世界各国的重视，尊师重教更是中国传统文化中的精华，高等院校历来都是精英荟萃的地方。秦和院长带领全院教职员工，饱受挫折却激情不减，历经艰辛而痴心不改，经过十年如一日的拼搏，一个崭新、蓬勃、蒸蒸日上的外国语学院正呈现在我们面前。她的创业热情让我们感动，她的创业精神值得我们学习。这种精神，在我们提倡“全民创业”的今天显得尤为可贵。刚才，秦和院长又向我们宣布了她的决定，她现在还很年轻，但她决心在身后，把数以亿计的学校资产全部奉献出来，这在我们吉林是“开历史先河”的，这是义举，更是境界，我们为民进有这样的成员而感到高兴，为吉林有这样的优秀儿女而感到自豪。我本人也非常钦佩，非常尊敬，我要和大家一起向秦和老师学习。

高尚的事业需要高尚的情怀，高尚的情怀铸就高尚的事业。希望全校教职员工围绕“振兴民办高校，打造百年名校”的目标，继续奉献你们的智慧、奉献你们的忠诚。希望秦和院长不断努力，继续提升，扩大学院规模质量。希望吉林教育行政管理部门，省发改委以及吉林省统战部、宣传部和民进等有关部门大力支持秦和同志和华桥外院，不断发展民办教育事业。华桥外院今天的成就凝结了你们昨天的汗水，华桥外院明日的辉煌，也一定有你们奋进的足迹。

希望华桥外院的同学们，珍惜在外院学习的美好时光，学会求知，学会生存，学会做人，学会创造，不断提高自身的综合素质，在迈向社会、走向工作岗位以后，努力像你们秦和院长一样，做一个高尚的人、一个纯粹的人、一个脱离低级趣味的人、一个有益于人民和社会的人。

吉林日报、长春晚报、长春日报、新文化报、吉林电视台、吉林教育电视台等多家媒体对大会进行了报道。秦和的声明在社会上引起了强烈的反响。

华桥外院的师生更是纷纷赞叹，不少人写下诗文以颂之。在此，撷选一篇《高尚的政治诚信 完美的人格魅力》——记秦和院长公益性办学，以致纪念：

11月10日上午，是吉林华桥外国语学院历史上一个永远值得纪念的日子。这天，在省委副书记林炎志及众多省领导同志面前，在长春市信维公正处公证员面前，在各新闻媒体记者面前，在全校师生代表面前，秦和院长作为吉林华桥外国语学院的创办人、举办者和法人代表郑重声明："学院偿还债务后的所有财产，在我身后，全部留给社会，继续用于发展国家的教育事业。"

据我了解，秦和院长关于学院财产处置的声明，是新中国成立后民办教育发展史上的第一次，是贯彻落实《民办教育促进法》及《实施条例》中公益性办学最明确、最彻底并带有法律效力的宣告，其社会影响绝不亚于20世纪初著名华侨领袖陈嘉庚的"毁家兴学"。

置身于庄严隆重的吉林华桥外国语学院财产处置公证仪式上，听着秦和院长郑重的声明，公证员明晰的公证，省委林副书记及省教育厅厅长、省民进副主委热情的讲话，我真是心潮澎湃、感慨万千，当下脑海里忽地升腾出许多带有“真”字的词语。

第一是感到“真切”。这不是想象，更不是幻觉，这是一个真真切切的法律仪式。秦和院长坦荡的胸襟、高尚的情怀、无私的品格在公证仪式上表露得千真万确，光彩照人。我是一个“耳顺”有五的老教师，经历过许多令人感佩的事情，而此时我在仰视秦和院长的时候，看到她的身上仿佛迸发出炫目的五彩霞光。

第二是体悟了“真情”。秦和院长不止一次地说：“坚持公益性办学，是华桥外院始终不渝的方向”，“我不想成为资产的拥有者，一个人睡觉不能占有两张床，也不能背着大楼去世。我只想成为一个组织者和管理者，和老师们一道，把华桥办成世界名校、百年名校。”她很早就把“公益性办学”的思想写在学校的章程里，今天，她通过公证的形式，把她一贯的思想和真实感情变成具有法律效力的公证书，昭告于天下。我想，什么叫理念持恒、一以贯之？什么叫心系社会、不存私念？什么叫襟怀坦白、说到做到？秦和院长关于学校财产处置的声明就是最准确、最清晰的诠释。

第三是明白了一个“真谛”。真谛是指真实的意义或道理。当今的中国民办教育，有“营利性”的，也有“非营利性”的；“非营利性”的又有“取得合理回报”的和“不要回报”的。秦和院长选择了不要回报。她说：“教育本身就是奉献，我崇尚那种超越于经济效益之上的教育境界，那是一种社会责任，是一种精神追求。”“我不要回报，规定办学所取得的积累金全部用于教育事业，“学生属于国家，学校属于社会，任何人都不可能拥有。只有这样，华桥外院才能真正走向世界，成为百年大学，纵观国外世界顶尖的一流私立大学，如哈佛大学、斯坦福大学、麻省理工大学、霍普金塞斯大学、耶鲁大学、剑桥大学、早稻田大学等全部秉承了取之于社会、回报于社会的非营利的理念，所以，它们不断发展、不断壮大，成为了百年大学。”华桥外院的历史虽然才十余年，但它从无到有，从小到大，发展到今天已成为有76万平米校园、18万平方米建筑面积的花园式大学，在校学生达到6 000人。它还有致远的目标，要“三年达标本科，五年申硕成功，十年打造国内一流民办外国语大学品牌、三十年内完成与国际接轨，尽快实现民主化，法制化、国际化的办学总目标。”为实现这个宏伟的目标，唯一正确的选择，就是坚定不移地走不要回报的非营利性办学之路。正如她在2004年一次与学院心理咨询协会师生座谈中说的：“当我把这个学校完整地交给社会、它是一个品牌，我不在人世了，交给社会一个品牌。那么我的接班人一定要遵循这个章程，不往自己腰包里装钱。所以这种公益性办学会使华桥外院走得远，走得好。”

第四是看到了秦和院长一颗晶莹发亮的“真心”。秦和院长有个信条是把毕生精力奉献给社会和事业。她要做个好校长，要让华桥外院的学生成人、成才、成功，要让华桥外院的教师都过上好日子，工资是最高的；要让她亲手创办并领导的华桥外院成为全国乃至世界一流的民办外国语大学。所以，她殚精竭虑、甘于奉献。为了申领办学批件，身心疲惫的她，单身驾车险些酿成重大交通事故；为了偿还施工用款，她曾因时间紧迫无处筹借而几夜失眠；净月潭新校舍竣工时，她带领教工顶着酷暑，夜以继日地清扫建筑垃圾，脸脱了皮，手磨出了血泡；母亲生病在床，她难尽孝心，儿子年幼孤单在家，她无法照料；华桥外院升本时，获取学士学位授予权时她因操劳过度，浑身乏力发软，眼皮浮肿成一条缝。但是，为了理想，她忘了病痛，不顾小家，丢掉了自我，她要为她魂牵梦系的伟大事业鞠躬尽瘁。此时，坐在台下聆听秦和院长发表声明而激动不已的我，看到了她有一颗鲜活的金子一般的心。

第五是读出了秦和院长从内心到表情写出的一片“真诚”。她真爱她创办和领导的学校，真爱和她一起奋斗的教职工们，真爱她所培养的莘莘学子。她要在她有生之年把华桥外院办得轰轰烈烈、魅力四射。为了让社会和师生都明白她的这份真诚，她在年富力强，精力充沛的时候写下了这份带有法律效力的公证书，她要通过她的行动，推进《民办教育促进法》的贯彻实施，消除社会对民办教育的歧视和偏见，促进民办学校教师和公办学校教师一样具有同等的地位和权益。她要让民办学校的学生同公办学校的学生一样享有同级同类学校应有的权利。民办学校走“公益性办学”的道路，不仅是法律的规定，也是实践证明的可持续发展的光明之路，强者乘势而为。秦和院长就是民办教育的强者。今天的华桥外院已有近4亿元人民币的资产，在她的领导和谋划下，华桥外院还要不断地发展和提升，学校的资产会越来越多，可能有十几亿、几十亿，甚至上百亿。秦和院长要在她的身后，把偿还债务后的所有财产全部留给社会，继续用于发展国家的教育事业。这个铿锵的誓言，会指导和激励一代又一代的继任者把民办的吉林华桥外国语学院办成“百年大学”。从与会者阵阵暴风雨般的掌声中，我感受到了这个决心。人们说，校长是一个学校的灵魂，有一位好校长就可以造就一所好的学校。我真庆幸华桥外院有这样一位好校长。教育实践中凝聚而成的秦和教育思想，正在成为华桥外院的旗帜，在这面旗帜的指导下，华桥外院的前途一定灿烂辉煌！

参加民办学校财产处置公证仪式，是我从教几十年遇到的第一次，也是被会议感动得最强烈的一次。在社会主义市场经济的氛围中，秦和院长的义举，给了我无尽的思考和启迪。她是心底无私的亿万财富的创业者，是思想深刻、与时俱进的巾帼英雄，是师德高尚、率先垂范的“天才教育家”，更是在拜金主义、追求享乐的社会思潮里高扬真善美大旗做人的楷模！她的言行举止，如毛主席在《纪念白求恩》中说的“是一个高尚的人、一个纯粹的人、一个有道德的人、一个脱离了低级趣味的人、一个有益于人民的人。”

华桥外院办理财产处置公证以后，学校性质没有改变，依然是民办学校。在秦和身后，学校财产全部留给社会，这和交给国家不是一回事。交给国家，那就是公立学校了，学校性质就变化了。交给社会，学校民办性质没有变。但是，华桥外院要接受社会管理机制的监督和保障。学校有理事会、教育发展基金会和教职工代表大会，它们要监督和保障学校永远坚持走公益性办学的道路。即使华桥外院没有秦和，继任者要根据现在的公证书，要秉承不要回报的公益性办学理念，把吉林华桥外院办下去。这是一件利国利民利校的好事。

秦和在年富力强，精力充沛的时候，做出这种有法律效力的声明，是想以她坚定走公益性办学道路的决心和实际行动推进《民办教育促进法》的贯彻实施，消除社会对民办教育的歧视和偏见，促进民办教育健康与持续发展。同时也为华桥外院今后的发展树起了一面旗帜，指明了一条光明大道！

文化强校　以文化人

在秦和看来，文化是一种知识体系、道德规范、价值观念，也是一种人文环境。高校是培养社会主义现代化建设所需专门人才的场所，也是弘扬和创造先进文化的场所。学校培养人才，是在用文化的方式，在文化的环境中，进行道德教育和文化传承。

为此，秦和提出了“文化强校”的战略，指出搞好学校的文化建设，可以培养良好风气，优化育人环境，使自觉教育变为自在教育；可以提高全校师生的思想道德水平和文化素养，提高凝聚力。搞好文化建设，这对于促进学校发展，提高办学水平，具有重要意义。

实施“文化强校”，是华桥外院建设百年名校的战略措施。学校在过去的办学实践中，形成了自己有特色的大学文化。实施“文化强校”，就是要将其系统化、规范化，进一步丰富其内涵，并大力弘扬这些文化。

围绕“文化强校”的战略，秦和确立了华桥外院大学文化的建设目标：形成华桥外院精神，使校训、校风、学风、教风深入人心，并化为全员的自觉行为；形成保证学校办学理念得以顺利实施、符合民办高校特点的领导体制、管理模式和规章制度；形成良好的运行机制和有效的监督机制；形成良好的、人与人和谐工作、学习的秩序；形成有利于学生世界观、人生观、价值观、荣辱观成长的高品位的人文环境；形成优美的、有特色的、人与自然和谐相处的校园环境。

为了达到这些建设目标，秦和将华桥外院的文化建设任务分为精神文化、制度文化、校园文化和物质文化四个方面来贯彻执行：

1. 精神文化

精神文化是人类在社会意识活动中孕育出来的价值观念、审美情趣、思维方式等主观因素和各类知识，是文化的核心内容，是文化建设的最高层次。大学精神文化包括大学精神、办学理念、舆论风气、传统作风、意识、心理素质、人生态度、价值取向、审美观念等。

学校已形成的精神文化集中体现在以下方面："会通中外，砺志敦材"的校训；"致远、务实、求精"的校风；"敬业爱生，博学善导"的教风；"自强自律，求是求新"的学风；"一切为了学生成人、成才、成功"的办学理念；"求公致远，追求百年"的公益性办学宗旨；"天下大事必从细而做"和"简单做人，踏实做事"的作风。

2. 制度文化

制度文化是学校全体成员共同认可并自觉遵守的行为准则和规范，是决策与管理体制、组织机构、教学模式、生活方式、行为规范、礼仪、规章制度等的物化形式，它起着引导和保障学校运行秩序的作用。

华桥外院确立了"以人为本，严、精、细相结合"的管理理念，通过完善法人治理结构，健全管理体制，创新运行机制，完善规章制度，坚持依法治校，实施制度管理，坚持集体决策，实施民主管理，推行岗位责任制，实施科学管理，初步形成了现代民办大学的制度文化。

3. 校园文化

校园文化是指与学生密切相关的文化，是校园人在学校教育、学习、生活及娱乐活动中所表现出来的精神风貌、行为操守和文化品位，是学校精神、价值观念和办学理念的动态反映，体现为行为文化。校园文化在育人方面起着非常重要的作用。

华桥外院以“知识、能力、人格三位一体协调发展”的全面成才观为指导，重视道德养成和行为规范，坚持德育养人，德育育人，文化养人，文化育人，“使华桥外院成为中华儿女成才走向世界之桥梁，中西文化合璧之桥梁。”形成了学校以“传承创新，中西合璧”为特色的校园文化。

4. 物质文化

物质文化是学校内物质范围的文化层，是体现人与自然关系的文化。它涵盖教学、科研、生活、环境、设施等方面的物质构件，不仅发挥着物质实用功能，还发挥着精神美感的文化功能。

华桥外院初步建成了既有中式建筑的典雅，又有西式建筑恢弘的人文与自然和谐统一的校园，具有鲜明特征的学校标识系统，彰显了“中西合璧”的文化理念。

秦和认为，搞文化建设，就要树立自己的品牌。华桥外院具有先进的办学理念和优良的办学传统，办学以来高度重视校园文化建设。升本后，学校根据民办高等教育的发展趋势和自身建设的要求，结合办学实际，不断深化对校园文化建设重要性的认知，通过开展国际文化艺术节等校园文化活动，营造出校园中西合璧的国际文化氛围，展示教学成果，搭建专业实践平台，培养应用型人才，创造性地实践了“教书育人、管理育人、服务育人、环境育人”的“四育人”理念，为建设和谐校园提供了坚实基础和可靠保障。

国际文化艺术节的举办，是华桥外院精神文明建设的重要举措。《民办教育促进法》颁布后，我国民办高等教育呈现出迅猛发展的态势，华桥外院在良好的大环境下，不断加强内涵建设，积极应对严峻的社会挑战，办学实力和社会影响力日益提升。在办学层次不断提升，办学条件不断改善的同时，华桥外院始终把校园精神文明建设当作提高学校核心竞争力的系统工程来抓，真正做到了全面调研、长远规划、精心设计、务实开展。作为一所民办外国语院校，外教和留学生众多，校园内中西方文化交融，加强华桥外院的精神文明建设对于学校的未来发展和学生的健康成长具有战略性的意义。

华桥外院在办学之初即明确了“一切为了学生成人、成才、成功”的办学理念，强调教育在于培养学生健全的人格和高尚的道德情操，教给学生做人的方法和生存智慧、生存能力；在于培养学生强烈的社会责任感、积极向上的心态、良好的生活习惯和正确的思维方式。为此确立了“知识、能力、人格”全面发展的成才观，注重学生礼仪养成的培养，实践能力的提高和高尚人格的塑造。通过国际文化艺术节活动的开展，为学生成长搭建了平台，实现了学生管理由“管”向“导”的转变，使学院的精神文明建设工作走上了科学发展的道路。

2006年，秦和宣布首届国际文化艺术节开幕

国际文化艺术节的举办，是华桥外院特色校园文化培养的重要载体。校园

文化活动是学生品德形成的源泉，学生对道德规范的理解以现实的生活为基础。华桥外院积极利用校园活动引导学生在专业学习、技能提升及情操陶冶等方面加强与教师、与同伴之间的交往和合作，产生道德体验，培育文明风范。将校园活动作为活动和情境的统一，也是华桥外院德育非课堂化的一种探索尝试。

华桥外院每年都组织学生开展丰富多彩的校园活动，举办大学生文艺表演、专业竞赛、人格养成报告等活动，这些活动营造了良好的校园文化氛围。除此之外，学校每年都精心设计并开展志愿者报告会、女性意识引导、社会实践活动展示、勤俭节约教育以及就业创业模拟等活动，形成新的校园活动焦点，成为学生在校园生活中颇为关注的热点活动。学校抓住这些契机，优化升级校园活动，把原有活动和新兴活动紧密结合，按学生的生活和学习规律规划出以国际文化艺术节为主线的校园传统活动，并按照校园文化建设要求在活动中设计道德体验，让学生在实践中领悟文明养成对于其成人成才成功的重要性。逐步将国际文化艺术节规划成为学生精神文明创建工作的中轴线。

国际文化艺术节的举办，是华桥外院应用型人才培养的特色平台。华桥外院始终坚持应用型人才培养定位，以科学发展观为指导，坚持社会主义办学方向，遵循高等教育规律，探索民办高校发展道路；紧紧围绕市场需求办学，以培养知识、能力、人格全面发展的应用型人才为宗旨，以提高教育教学质量和人才培养质量为核心；加强学科专业建设，做强英语专业，优先发展小语种专业，形成以外语为主，文、经、管、教协调发展的格局；坚持走内涵发展的道路，正确处理好规模、结构、质量和效益的关系，不求大而全，但求特而精，不求最大，但求最好；坚持国际化办学战略，扩展办学空间，加强国际交流与合作。努力把学校办成适应国家外向型经济发展需要、适应地方经济社会发展需要的精品应用型外国语大学。通过开展国际文化艺术节活动，学生全方位参与活动，通过灵活多样的形式展现自己的聪明才智，体现国际文化艺术节“突出专业特色，培养服务应用型人才，提高综合素质，彰显校园中西合璧文化”的主旨。

华桥外院国际文化艺术节的主题多是将文化艺术与当年国内、国际时事形势相结合。2007年以“唱响和谐，我与祖国共奋进；胸怀世界，我与华外共腾飞”为主题，2008年以“喜迎奥运，构建和谐校园”为主题，2009年以“回顾奥运，华夏风采；时空隧道，文化长廊”为主题，2010年以“欢庆世博，魅力华外；民族之林，文化之窗”为主题，2011年以“盛世欢歌，中流砥柱”为主题。2012年，国际文化艺术节开幕式当天安排了 “开幕式仪式”“盛装巡游展示”“国际风情舞蹈展示”“户外文化展示”四个部分。艺术节历时22天，以“服务应用型人才培养，彰显校园文化中西合璧”为主题，举办了“地球主题馆日”、“华外杯”中外演讲大赛、“模拟联合国大会”、“音乐周”等近百场活动。

2013年是华桥外院的创新年，第八届国际文化艺术节从内容到形式均进行了不同程度的创新。在一个多月的时间里，学校共举办了“华舞艺声”合唱比赛、舞蹈比赛，“华外之星”中英文辩论大赛，“英语之星”英语风采大赛，“心影不离”电影配音大赛，“语言装饰梦想、青春点亮世界”华外十佳歌手选拔赛，多语种话剧汇演，社团博览会等10余场校级活动，各学院专业类系列活动更是多达60余场。

秦和参加第八届国际文化艺术节

2014年的第九届国际文化艺术节以“传承中外文明，共筑华外梦想”为主题，由中俄青年发展论坛、百家讲坛、户外国际文化展、管弦乐团音乐会和假面舞会等部分构成，力求以国际化视野，体现人文特色、展示多元文化。其中，由俄罗斯留学生和俄语专业本科生、研究生共同参与的中俄青年发展论坛，成为整个艺术节的首场活动，意义深远。2014年是“中俄青年友好交流年”，中俄两国青年人的心灵交流和思想碰撞，必将对自身成长产生巨大的正能量。

2014年的国际文化艺术节始于5月21日，于6月11日结束，历时20天。艺术节期间，还举办了莎士比亚戏剧展演、模拟联合国大会、“华外杯”中文辩论赛、校园十佳歌手大赛、国学知识竞赛、“华译杯”翻译大赛、“华外之星”中英文辩论大赛、外研社杯英语演讲比赛、多语种朗读大赛、西方国家文化汇演、“华外杯”合唱大赛、“华外杯”舞蹈大赛、大学生艺术团艺术展演、社团博览会等10余场校级活动，各学院也开展了专业类系列活动多达70余场，有效延伸了第一课堂，实现了第二课堂与课外实践活动的有机结合，为同学们提高专业实践能力提供了平台。

国际文化艺术节上的精彩节目

国际文化艺术节是吉林华侨外国语学院规模最大、影响最广、特色最鲜明的传统校园文化活动。作为学生专业实践的重要平台，国际文化艺术节在加深学生专业知识理解、提升学生艺术鉴赏水平、开阔学生国际视野、体验世界多元文化、丰富校园文化生活等方面，发挥着重要作用。

吉林华侨外国语学院国际文化艺术节至2015年已成功举办了十届，科学的定位、精细的设计无不展示着学校“一切为了学生成人成才成功”的办学理念。学生通过艺术节拓宽了文化视野，提高了文化修养，造就了深厚的人文功底，学校为社会培养出一大批专业扎实、动手能力强的复合型人才。随着社会影响范围不断扩大，国际文化艺术节必将在促进长春市地方文化的多元化发展中发挥积极作用。

夯实党建　坚强保障

大学作为高等教育的一个社会组织，总是在特定的时代背景下产生和发展的。民办高等教育是中国特色高等教育事业的重要组成部分，民办高校如何坚持党对教育工作的领导，贯彻落实党的教育方针，发挥好党组织的重要保障作用，牢牢把握办学的方向，这是我国民办高校发展过程中的一个重大课题。

对于这一问题，秦和始终有着清醒的认识。党对高等教育的领导，是中国高等教育发展最大的优势，也是最重要的国情。秦和始终将党建工作摆在首位。她总是说："与公办高校相比，尽管民办高校投资渠道不同、领导体制也有所不同，但要想实现和谐治理，同样应该建立健全党组织，明确党组织的作用和职责，充分发挥党组织的政治核心作用；要把党委作为政治核心纳入到领导管理体制中，把握正确的办学方向，真正起到保障和监督作用。学校党组织和行政之间的关系处理得好，可以共同促进民办高校育人质量的提高。"

秦和将组建党组织作为完善民办高校法人治理结构的重要内容之一，把党建工作作为民办高校健康快速发展的一个重要保证，所以建校初期就成立了学校党支部。2001年经中共长春市高校工委批准成立了学校的党总支委员会，2005年经长春市委批准成立了学校党委。在她的支持下，学校将加强基层组织建设作为党建工作的重要内容，在全校各院（系）、处、部、室组建了4个党总支，10个直属党支部。还本着精干、高效和有利于党的建设的原则，设立了党委办公室（与院办合署办公）、纪检等工作部门，从而健全了学校各级党的组织，为开展党建工作提供了组织保证。

为了加强党组织的领导力量，秦和还从教育主管部门和普通高校聘请了一批政治立场坚定，熟悉党务工作，身体健康的退休老同志担任党的各级领导，如第一任党总支书记是原吉林省教委副主任徐毅鹏，第一任党委书记是原吉林大学党委副书记王守实。

为了便于工作，避免党政工作“两张皮”，秦和把党委书记聘任为学校决策机构——学校理事会成员，并兼任副院长，参与学校重大问题的决策；把大部分党委委员聘任为学校执行机构——院务委员会成员，使党委成员有知情权、议事权，参与学校各项工作的决策并组织实施；把各院系的党总支（支部）书记聘任为院系学生工作办公室主任，既抓党务工作，又抓学生管理教育，既做好教职工思想教育工作，又抓本单位行政工作。

由于秦和高度重视党建工作，使华桥外院的法人治理结构科学、合理、顺畅，党的组织机构健全，从而保证了学校各项工作始终处于良好的发展态势，有力地推动了学校健康、快速、可持续发展。实践表明，作为民办高校，学校的举办者重视、加强党建工作是学校党建工作得以推进的关键，没有举办者的高度重视，民办高校党建工作就得不到健康、顺利的发展。

秦和认识到，民办高校的发展是学校的大局，培养人才是学校的中心任务，学校的各项工作都要围绕这个大局和中心而展开。民办高校党组织的工作任务与学校的办学任务从根本上是一致的。因而党组织为学校的大局和中心提供优质服务是搞好民办高校党建工作的重要内容。怎样提供优质服务呢？华桥外院一是把学校的发展和党建工作结合起来，党建工作紧紧围绕学校的发展出实招、干实事。并对学校发展中存在的问题及时向行政提出建议，遇到难以解决的困难及时向上级党组织和政府职能部门反映，帮助学校解决影响发展的突出问题。二是把党的工作目标和学校的办学目标结合起来，利用党组织的威信和党员的模范作用凝聚各方力量，保证学校办学目标的实现。

在秦和的领导下，华桥外院整个教育教学活动中坚持对教师进行思想政治教育，把教师的思想和行为凝聚到教育教学上来。具体做法是“四个坚持”：一是坚持以师德建设为重点，二是坚持以制度监督为保证，三是坚持以树立正面典型为榜样，四是坚持以激励机制为依托。制定了《师德建设手册》，阐述了师德建设的重大意义，师德建设的内容和方法，加强了对教师的师德教育；制定了教师工作守则、教职工考勤管理规定、教师绩效考核办法、教师奖罚工作条例等各项管理制度，规范了教师的教学行为；每年评选优秀教师、优秀教育工作者和师德标兵，结合庆祝教师节进行表彰奖励，为广大教师树立学习榜样。所有这些都使教师提高了思想认识，在全校形成了“严谨治学、从严执教、为人师表、关心学生、勤奋奉献”的良好氛围，保证了教育教学质量和人才培养质量。

实践证明，明确并准确定位党组织在民办高校中的地位和作用，既是充分发挥党组织职能的需要，也是保证民办高校办学自主权的需要。党组织在民办高校中处于政治核心地位，发挥宣传、保证、服务、配合作用，这一定位是科学、准确的，符合民办高校现实情况和未来发展的需要。

华桥外院党建工作、精神文明建设工作等受到表彰的奖牌

秦和认为，民办高校党组织肩负着思想、政治教育的重任，发挥党在思想教育中的领导作用，不仅有利于党利用自身优势有利于开展工作，而且应成为党建工作的重要内容和任务。几年来，华桥外院始终坚持党建统领下的思想政治教育工作、德育工作和校园文化建设工作，探索出一条民办高校育人的新途径。

设职代会　完善治理

教师是学校的主体，发挥教师的作用，扩大教师的参与，是学校实现科学管理、民主管理，提升办学水平的一个重要途径。

从华桥外院创建以来，秦和就十分重视教师队伍建设，注重发挥教师的主体作用。2005年学院成立了学院教授委员会和理事会，着力以加强教职工代表大会建设为重点，完善治理结构。

秦和认为，职代会对于学校的办学不仅是一种监督，更是一种保障。在她看来，华桥外院不是一个人的事业，也不是一代人的事业，而是代代相传的事业。职代会的成立将从制度上，从治理结构上为百年基业提供重要的保障。

2007年3月24日，华桥外院召开第一届职工代表大会。秦和在职代会上和全体教职工再次讲述了华桥外院举办财产公证仪式的深远意义。秦和说，坚持走公益性办学道路，是为了使华桥外院成为百年大学，这是公益性办学思想的魂。早在办学之初，我们就把公益性办学思想写入章程，因为我们坚定地认为公益性办学思想的魂和轴就是成就百年大学。为了成就百年，我们设定了近三十年的目标；为了成就百年，我们坚定不移地沿着公益性办学道路一直走下去。

秦和接着指出，现在走完的只是第一步，接下来的十年是第二步，全校师生要不断潜心研究和完善公益性办学思想，研究与之相配套的内部管理和监督机制，健全和完善法人治理结构，建立一套有关运营与权利配置的制衡机制或组织机构，用制度更好地管理这所学校，而非人治，做到凡事有章可循，人人按章办事，依法治校，以德治校。从而更有效地监督、评议公益性办学，使华外在正气、健康、有序、和谐的氛围中持续稳步发展，为增强华外的综合实力、办学实力、办学效率而奋斗。第三步要在第三个十年使华外与国际接轨，走向名牌，从而实现民主化、法制化、国际化的总体目标。

秦和强调，从现在开始，学校一切重大的事情都要通过教职工代表大会的民主决议。教职工代表大会的角色定位，大家也要清楚，它与工会都是在理事会领导下的一个组织。它成立之后，会维护全体教职员工的根本利益，解决教职工最现实、最直接、最关心的一些问题。在休会（闭会）期间，大家都可以通过这个组织机构来参政议政。我们在民办学校中率先成立了教职工代表大会，是没有借鉴的，这是我们召开的第一届教职工代表大会，各项工作还在摸索中，我们也需要逐步地完善和沉淀。比如将来教职工代表大会如何发挥作用；在学校有重大事情的时候，教职工代表大会有没有建议，有无复议；老师们是否行使了主人翁的权利和承担主人翁的责任，教代会的作用可否发挥出来。关于监督机制和教职工代表大会自身的制度等，都有待于我们进一步去认真研究。

健全法人治理结构，依法治校，我们要建设一个和谐的氛围。能不能执行好，能不能按照我们的设计和规划去做，要靠全体教职员工的素质、追求和理想，更重要的是责任。今天，校长把这份责任交给了大家，那么大家反过来应该沉思，是不是应该以主人翁的姿态出现，树立主人翁的意识和精神，在每一件事情上，要把自己当作学校的主人。教师不分公与民，都是国家的财富，是国家的教师、人民的教师，教师本身的责任感要高于一切。大家要深层次地去理解，将来教职工代表大会和校长之间的关系处理得好不好，要看全体教职员工是不是以主人翁精神齐心协力地为学校努力工作；而校长也要真心实意地把全体教职工当作学校的主人，真正认可他们的存在价值，想老师所想，急老师所急。老师的主人翁角色，要切实发挥作用，关键就是看执行。

秦和以自己的角色为例，和大家分享了如何肩负责任，发挥作用。她说：大家常说，一所学校如果要发展得好，必须有一位好校长，校长是学校的灵魂，我非常赞同这句话。其实，每一个当校长的人都想当一个好校长，我也想当一个好校长。

作为一个好校长，最重要的就是要有第一责任人的意识，学校的发展是校长——第一责任人的第一要务，一切对学校有利的事情，一切对学生有利的事情，校长作为第一责任人必须率先去做。而且好校长必须忘掉自己，心里装着老师和学生，要时时刻刻为老师的发展、前途、工作搭建平台，要时时刻刻想着让老师的生活越来越富足，时时刻刻想着为学生的成人、成才、成功架起桥梁。

任何一位好校长，都是一位负责任的校长，负责任的校长就一定要让全校教职员工当家作主人，没有集体的力量，学校不会有发展。我希望我们在座的同事们，要认真思考一下这个问题，为什么校长有这么大的决心做这么多的事情。

秦和说，我们可以不成立教职工代表大会，我们也可以不健全法人治理结构，我们之所以这样做就是要使我们的内因发生效应，而且内因的力量是无穷无尽的。一位负责任的校长必须使他的价值观和老师们的价值观高度契合，学校的目标和学校的定位，不是校长一个人设定、理解和执行的，而是要形成全体师生的共同价值取向和共同行为，从而在认同上、追求上保持一致，共同发展。大家如果对我们的办学目标和办学理念都不认同、不清楚，学校就无法发展；没有老师的真正理解、参与和支持，学校就无法发展。

秦和表示，我们的目标已经确定，我们有很多的规章制度和好的想法也已经出台，但是要加强执行力，执行力不够，再好的规划都会付诸东流。执行力来自于大家共同的价值取向、共同的理解和共同的执行，我们现在实际上就要使原来少数领导制定规划，大家被动执行的方式，转化为大家自己制定、自觉执行，这样执行力才会增强。我希望能达到这样的一个目标，形成一种良好的氛围。因为我没有把它看作是我个人的，如果是，今天就没有这些举动了。

秦和说，之所以超前率先去做，是因为这个路要走二十年、三十年、一百年，这就要下决心，要让人们看到国外有私立的百年名牌大学，我们中国也有；国外有很多的大学校长都是在本本分分办着教育，没有考虑个人的得失，把全部心血奉献给教育事业，我们中国也有这样的好校长。

秦和强调说，校长信任大家，把学校交给大家，那么大家反过来也要把心交给学校。这就是我想跟大家说的最重要的一句话。

首届教职工代表大会代表合影

另外，负责任的校长一方面要引导大家如何正确地行使民主管理的权利，另一方面更要引导大家集中精力把聪明才智全力以赴地用在教书育人、管理育人、服务育人上。

最后，秦和表示教职工代表大会成立得好，是继公证以来学校又一次非常好的重大决策，将永远记录在华桥外院的发展史上。

教职工代表大会成立至今已经召开了多次教代会，教代会执委会和校工会在校党委和校务委员会的领导下，紧紧围绕学校每年的中心工作，切实履行教代会的职能，发挥了工会桥梁和纽带的作用。努力为教职工办实事、办好事，增强了教职工的凝聚力和向心力，也推进了学校民主化、法制化建设的进程，促进了学校向高水平大学迈进。

获批重点　新的启航

长久以来，对于民办学校，中国存在着一种思维，即公就是公，民就是民，民办学校很难获得国家的支持。实践证明，民办教育和公办教育都是国家教育事业的重要组成部分，本质上都是公益事业。

在华桥外院的发展过程中，秦和始终认为，华桥外院的事业不仅仅是民办的事业，也是全社会的事业，她一直将个人的事业与党和国家的事业融于一体。为此，她积极寻求国家的支持，希望能够获得政府的扶持，她的这种想法来源于她端庄的办学理念，更来源于她无私的奉献精神。

秦和常常思考：教育应该给人带来怎样的变化？教育的目的是什么？思考使得她的思想深邃。她十分认同美国哈佛委员会在《哈佛通识教育红皮书》中提出的“教育的目标是努力培养‘全人’（Whole Man），即好人（Good Man）、善良正直的公民（Good Citizen）和有用的人（Useful Man）。”

教育要完成两件事：一是帮助年轻人成为一个个体的人，拥有独特的、个性化的生活；二是竭力使他们能够适应公共生活，也就是说，作为公民和共同文化的继承者，他们应该与他人共享文化传统。教育不仅仅是传授知识，它包括培育年轻人某些才能和态度，教育是一个贯穿人的一生各个不同阶段的持续过程。

在华桥外院办学的过程中，秦和一直是按照这样的教育规律实践着，追逐着她的梦想和目标，从未曾动摇过。

2003年华桥外院升格为民办普通高校以来，学校的办学规模进一步扩大，办学定位更加清晰，办学实力明显增强，学校的改革建设成果和良好的发展态势得到了国家有关部门和社会各界的广泛认同和普遍好评。

2007年4月，校院务委员会经过研究，决定正式向吉林省教育厅提出申请，将华桥外院纳入省重点高校的行列。学校在申请中详细列举了将学校列入省重点高校的重要性和必要性，并按照遴选办法规定的内容和指标体系做了充分的准备，进行了自评。

2007年9月29日，吉林省重点高校遴选专家小组进驻华桥外院，开始对华桥外院“申重”的两天评估。

秦和从六个方面向专家组作了汇报，一是办学经历和学校的基本情况，二是办学定位和办学特色，三是办学的基本经验，四是社会声誉，五是存在的不足，六是办学体会和申报重点高校的初衷。

秦和在吉林省重点高校遴选评审会上做汇报

秦和在汇报办学的基本经验时，总结了五条：一是坚持社会效益第一，走公益性办学道路；二是坚持先进的办学理念，一切为了学生成人、成才、成功；三是坚持围绕市场办学，突出特色，打造品牌；四是坚持严格管理，各项措施落实到位；五是坚持面向世界，走国际化办学之路。

专家组成员充分肯定了华桥外院的办学理念、办学特色以及办学十二年来所取得的巨大成绩，同时也提出了许多中肯的意见和建议。为进一步推动和促进省民办高等教育更好更快发展，不断优化全省高等教育结构布局，更好地为地方经济建设和社会发展培养合格人才，省教育厅正式下发文件，确定华桥外院为吉林省重点高等学校。

2007年11月27日吉林华桥外国语学院迎来大喜之事，华桥外院被批准为省重点高校！学校举办焰火晚会，鞭炮齐鸣，欢声笑语，全校师生满怀喜悦的心情共同庆祝这一幸福时刻。

秦和院长寄语全校师生，她激动地说："2007年11月27日是吉林华桥外国语学院大喜的日子，这一天，我院被吉林省政府批准为吉林省重点高校。由此，我院成为吉林省第十所重点高校，也是全国民办高校中第一个被省政府批准的重点高校。这是一件具有里程碑意义的大事，它将对我校今后的发展、建设产生深远的影响。为此，让我们全校师生满怀喜悦的心情，共同庆祝这一美好的时刻。

回顾过去，感慨万千；展望未来，任重道远。我们这次"申重"成功，说明省政府、省教育厅对我校各项工作的充分肯定；说明十二年来，全校师生艰苦奋斗结出了丰硕成果；说明我校的办学质量、办学水平、办学效益达到了新的高度。然而，这些成果只能说明过去，今后的路会更长，任务会更艰巨。"

秦和号召全校师生借这次"申重"的东风，抓住机遇，趁势而上，在党的十七大精神的鼓舞下，认真贯彻科学发展观，以"求公致远、追求百年，开拓进取、勇于拼搏，务实求精、严细结合"的华外精神，坚定走内涵发展的道路，全面落实学校先进的办学理念、端庄的办学思想和务实的发展战略，为顺利通过2009年教育部"本科教学工作水平评估"和"申硕"成功，十年打造国内一流民办外国语学院，三十年建成一所以外语为主，文、经、管协调发展的多语种、多学科、多层次的国内一流、国际有一定影响的民办精品应用型本科外国语大学，实现办学的民主化、法制化、国际化，进而创建百年名校的办学总体目标，同心同德，立志奋斗。

华桥外院成为吉林省第十所重点高校，也是全国民办高校中第一个被省政府批准的重点高校。这是一件具有里程碑意义的大事，它标志着华桥外院在迈向“创建百年名校”的总体目标上又前行了一步，上了一个新台阶，这对华桥外院今后的发展、建设将产生深远的影响。

秦和认为，华桥外院“申重”的成功，说明吉林省政府、省教育厅对学院各项工作的充分肯定；也再次说明十二年来，全校师生艰苦奋斗结出了丰硕成果；说明华桥外院的办学质量、办学水平、办学效益达到了新的高度。更为重要的是，它是中国民办高等教育发展进程中的一个标志性事件，意味着中国不再是公办高校一统天下的局面，民办高校不再是低层次的格局，也可以高大上，也可以成为我国高等教育的中坚力量。

自1995年创办学校以来，华桥外院经过了三次大转折，实现了三次大飞跃，从1999年被列为国家高等学历文凭考试试点单位，转评批准为民办高等职业学院，到2003年升格为本科普通高等院校，2007年再次跃进到省重点普通高校，每一步走得都是那么坚实，每项成果都来之不易。

秦和带领着华桥外院，以勇往直前、不畏困难、挑战自我的精神，不断攀登着一个又一个新的高峰。

深化改革　长期规划

十二年，从无到有；十二年，成为重点，这在中国高等教育史上，是个不大不小的奇迹。但是，秦和并不满足现状，而是站在更高的起点上思考学校的未来，谋划新的发展。

在秦和看来，当前，我国高等教育进入了新的发展阶段，在教育多元化的背景下，民办高等教育迎来了难得的发展机遇。为了夯实办学基础，巩固办学成果，扩大办学优势，实现办学总体目标，应该对学校未来的发展作出规划，于是她从2008年开始，酝酿制定学校中长期教育改革和发展规划。

经过一年多的反复调研论证和讨论研究，几易其稿，华桥外院于2009年4月正式出台《吉林华桥外国语学院中长期教育改革和发展规划》。

秦和首先明确了华桥外院中长期教育改革的指导思想：以科学发展观为指导，坚持社会主义办学方向，全面贯彻党的教育方针，深入落实《民办教育促进法》；高举“公益性”办学旗帜，走“民”“特”“新”办学之路；坚持“一切为了学生成人、成才、成功”的办学理念，不断提高教育教学质量和人才培养质量；加强学科专业建设，教师队伍建设和大学文化建设，为把我校建设成国内一流、国际有一定影响、特色鲜明的民办精品应用型本科外国语大学而奋斗。

遵循这一指导思想，秦和明确了华桥外院的发展思路：以应用型本科教育为主，努力发展研究生教育，积极扩大留学生教育；以学科专业建设为重点，做强英语专业，优先发展小语种专业，加强经济、管理、教育类学科专业建设，形成以外语为主，文、经、管、教协调发展的格局；坚持走内涵发展的道路，正确处理好规模、结构、质量和效益的关系，不求大而全，但求特而精，不求最大，但求最好；加强精细化和规范化建设，打牢生存根基，注入发展活力，形成鲜明特色，增强竞争实力；主动适应高等教育国际化趋势，拓宽人才培养渠道，扩展办学空间，加强国际交流与合作。努力为经济建设与社会发展培养应用型、复合型、外向型高级外语外事人才。

对于中期发展目标，秦和是这么设计的：到2020年，在校生规模达到8 000人左右；学校要形成突出的办学优势、鲜明的办学特色和强劲的核心价值文化；建设一批省级重点学科和国家级特色专业，取得硕士学位授予权；建设一支年龄、学历、职称结构合理，能胜任本科教育和研究生教育的高水平师资队伍；培养出精外语、懂专业、高素质应用型人才；学校成为国内一流的应用型民办外国语学院。

为了实现华桥外院的中期发展目标，秦和制定了华桥外院详细的中期发展任务，包括进一步挖掘“民、特、新”办学思想的内涵，充分利用民办高校体制新、机制活的办学优势，励志改革，大胆创新，形成精品办学，培养应用型人才的办学特色。进一步完善学校的顶层设计，形成一套科学完整的办学思想体系；加强学科专业建设，使学校的部分学科专业水平达到省内一流、国内有一定影响；加强师资队伍建设和学科梯队建设，建立一支规模相当、结构合理、学术水平精湛、师德高尚的老中青、中外相结合的师资队伍，形成一批高素质、高水平的科研创新团队；全面推行素质教育，以培养应用型人才为目标，深化教育教学改革；促进学生教育和管理改革；加强研究生、留学生的培养，加强国际交流与合作，提高我校在国际上的声誉和知名度，引进优质教学资源，积极促进我校成为东北地区外语人才培养的重要基地之一；加强实践基地、实验室等教学设施建设和校园基本建设工作，使教学条件和办公条件得到进一步改善，进一步做好校园的绿化、美化、亮化工程，营造良好的校园环境。

制定了目标和任务，秦和发挥“天下大事必从细而做”的精神，细化了实现中期目标和任务的主要措施，包括：

（1）完善学科专业建设的扶持、激励政策，设立学科建设专项基金，对重点学科给予支持和扶持；建立评估机制，确保各种基金发挥最大价值和作用；学科建设基金投入实行滚动式管理。

（2）大力推进教学创新计划，努力实施人才强校计划，积极落实文化强校计划，从精神文化、制度文化、校园文化以及物质文化四个层面加强建设，形成浓厚的文化氛围、培育大学精神。

（3）进一步加强党的建设和思想政治工作，以师德建设为重点，进一步落实“导师制”，完善师德激励机制和考核制度；落实“德育为先”的育人理念，使德育思想渗透到学校的各个方面；积极探索民办高校党建工作的方法和途径，充分发挥党委的政治核心作用和广大党员的先锋模范作用，为实现各项目标提供政治思想保证。

百年大计，规划先行。秦和不只立足于眼前，还目光长远，放眼未来，制定了学校的长期发展目标和主要任务。

根据秦和的规划，华桥外院的长期发展目标为到本世纪中叶，在校生规模控制在8 000人左右；全面实现办学的民主化、法制化和国际化；学校进入我国高等教育的主流行列，达到省属重点院校的先进水平；形成一批高水平学科群，某些学科达到国内领先，取得博士学位授予权；建设一支包含众多教学大师和学术精英的优秀团队；学校成为以外语为主，文、经、管、教协调发展的多语种、多学科、多层次的国内一流、国际有一定影响、特色鲜明的民办精品应用型外国语大学，为创建百年私立名校奠定坚实基础。

为了实现长期发展目标，秦和制定了学校的长期发展任务：吸纳古今中外一切有价值的先进教育思想和治学方略，努力构建一套完整的办学理念，形成独特的大学文化；不断完善学校的体制、机制建设以及制度建设，形成完善的法人治理结构，形成完整的具有鲜明的“民、特、新”办学特点的教育体系，在民主化、法制化和国际化方面实现全面的进步，建立起百年名校的基本构架；加大对重点学科专业的建设力度，集中力量，重点扶持，以高水平的学科发展带动师资队伍建设、科研工作以及人才培养质量的提高；培养造就高层次的师资队伍，拥有国家级的教学名师。

2009年秦和作为全国三八红旗手代表赴京

秦和制定的华桥外院的中期和长期规划指导思想明确，发展思路清晰，发展目标鼓舞人心，制定的措施得力，成为指导学校改革发展，迈向精品应用型外国语大学的纲领性文件。它的贯彻与实施必将使华桥外院在建设精品应用型外国语大学的道路上取得更大的成就。

这个时期，秦和先后被推选为民进吉林省第五届委员会常委、副主委，吉林省政协第十届委员会常委，全国政协第十一届委员会委员。先后被评为“影响中国民办教育十大领导人物”“民进为全面建设小康社会作贡献先进个人”“各民主党派工商联无党派人士为全面建设小康社会作贡献先进个人”“中国十佳巾帼创业明星”“中国百名女性新闻人物”“全国企业优秀人才培养杰出贡献奖”。

秦和受到陈至立亲切接见

先后当选为中国民办教育协会副会长、全国妇女第十届代表大会代表。先后赴京参加了全国政协第十一届一次会议、二次会议和全国妇女第十届代表大会，受到党和国家领导人的亲切接见。2009年10月1日，秦和赴京参加了建国60周年庆典。

华桥外院也先后被评为“全国民办非企业单位自律与诚信建设活动先进单位”“中国十佳诚信民办高校”“中国民办高校教育教学质量20强”“长春市先进基层党组织”“长春高校系统信息工作先进单位”“长春市精神文明建设先进单位”“全国企业招聘首选十佳民办高校”。

桥之精神　华外灵魂

华桥外院的全称为“吉林华桥外国语学院”，曾被很多人误认或误写为“吉林华侨外国语学院”。实际上，多年以前，学校名称曾是“华侨”，后来，秦和结合自己的梦想和理念，将“侨”字改为“桥”字。一字之改，代表着学校定位的一种升华。这个“桥”有着丰富的内涵，围绕着这一“桥”字，学校做足了文章，“桥”的精神也成了学校的灵魂。

“桥”，《说文解字》注曰“梁也”，段玉裁释为用木跨水之义。作为一种架空的人造通道，桥梁具有能使天堑变通途的功能，渐渐地，也获得了跨越障碍、对不同的空间或境界进行沟通、联合、乃至超越的象征意义。在几乎所有文化体系中，“桥”，无论是作为实体建筑存在，还是作为语言意象存在，都是一种奇特的文化元素，代表充满了各种各样的生机、玄机、妙处以及可能性的状态或者境域，其中积蓄着人们意想不到的潜力和能量。

吉林华桥外国语学院的桥，同样蕴含着多重的象征意义与文化内涵，值得挖掘，耐人寻味。

在风景如画的华桥外院校园里，一带小河将教学区与生活区分开来，又有千姿百态的桥，将这两部分联结为一体。所有的这些桥，无不以其各自的建筑特色体现着华桥外院的文化韵味，是这所学校“桥文化”的外化表征。

校园里水上桥梁共计七座，两座公路桥，五座人行桥，每座桥的材料构造各不相同，但皆为梁式结构。梁桥是历史上出现最早、

华桥外院的桥

也是应用最普遍的一种桥梁结构。华桥外院的桥这一道道坚实敦厚的梁柱，既无言地宣示学校为祖国培养栋梁之才的决心，也默默铺陈着华桥外院人特有的质朴与厚重。学校负重拼搏的创业精神，务实求精的治学精神，简单做人、踏实做事的行为规范，都在这些平实稳重的桥梁构造之上得到了体现。构造质朴，不意味着建筑风格的单调划一。华桥外院的每一座桥都具有各自独特的美学特征。

广场之桥。将学校主路与中央广场连接起来，是一座宽阔的桥梁。它向广场扇形展开，融为广场的一个有机组成部分。

广场是西方景观设计中的传统因素，作为空间形态节点，往往是一个区域文化开放性的体现者。广场的公共性文化寓意，总可以和象征沟通的桥梁璧合无间，比如威尼斯的圣马可广场与里亚托桥，再比如布拉格的旧城广场与查理大桥，都有一种相许的默契，共同诉说着一种文化情怀。但一般来说，人们更为注意的是广场与周围建筑的关系，只把桥视作它的一条蹊径通道，于是广场与桥的衔接本可以催生出的意蕴，就往往阐发不足。

华桥外院的桥却坦荡荡将通衢大道与阔敞的中心广场连为一体，桥与广场，没有界限，桥化作广场的纵深诠释，广场也成了桥的广度延伸。这种独特构形象征华桥外院人才培养的目标之一。华桥外院提供给她的莘莘学子的，不仅仅是坚实的语言能力和中外文化知识，更是开放的国际化眼光、宽广的社会人生视野，以及市场适应性。从华桥外院的学习之路走出去的，将是能最富热情地拥抱事业、最积极地融入社会的外向型人才。

华桥外院的“双桥”。广场之桥一侧，有两座略为纤细的小桥，

华桥外院的“双桥”

一直一弯，一唱一和，联袂并立着。外观上看，两座小桥虽质朴无华，但从设计理念上，却极有渊源。

这两座小桥所欲承续的，是周庄著名景观双桥之风韵。周庄双桥一拱一平，在水中倒影一圆一方，间夹直角，远观又似古朴的老式钥匙，联结古镇街巷楼台，寓意无穷。更有著名画家陈逸飞以此景为题，画成名作《故乡的回忆》。陈氏故乡并非周庄，却有此名，可见这双桥景致中蕴含的中国文化特有的情愫。这幅名画1984年在美国展出后引起轰动，美国石油大王哈默访华时高价买下，改名为《双桥》作为礼物赠送给邓小平，寓意为架起中美两国之间的友谊之桥，被各界传为佳话。

华桥外院的“双桥”在象征性地应和周庄双桥的构形时，也在援引其中富含的民族性和国际性文化内涵。同时，华桥外院的双桥又以有别于周庄双桥的独创样态，赋予“双桥”这个文化符号以全新的寓意。这两座桥虽不似周庄双桥，有三维的错落，却能在二维中从同一起点铺展不同的方向，这象征的，是学校求是求新的学风——学校一方面坚持统一的价值导向，另一方面也尊重学生的个性，鼓励学生自由探索发展道路，鼓励另辟蹊径的创新精神，在学校四年扎实的本科教育基础之上，学生可以各施其才，各展宏图；周庄双桥的夹角，限于实际功用，只取直角，华桥外院的双桥，却能取更富动感的锐角。伴以曲桥的弧度，双桥所构成的风景，既

华桥外院的桥

可释义为鼓起的风帆，载华桥外院学子前程无限，又可解读做一个大写的“人”字，寓意华桥外院以人为本、育才成人的人文精神。

曲桥。从图书馆通往外教公寓的路上，有一座七曲平桥，铺展在一池荷花之上，构成华桥外院最为优美的景致。

曲桥，中国园林艺术里最具诗意的桥的类别，也是最富有中国文化特征的桥梁形态。它超越了单纯的桥的功能，不仅仅担负着贯通两岸的功能性意义，更具有审美的功能。桥体线条的每一弯折曲中，都铺陈着园林传统中移步换景、从容幽深的美学主张；桥身与水面的每一波亲狎中，都诉说着中国人和合圆融、天人相应的人

华桥外院的“曲桥”

生哲学；关于曲桥的每一句诗词唱和中，都吟咏着中华民族风流儒雅、含蓄深婉的文化品味。

华桥外院有曲桥，就像华桥外院人对自己的要求，不只讲求外国语学院的外向性，更讲究民族涵养的内在性；不以掌握直白的语言能力为满足，更要富有丰赡的传统文化素养；不只重视知识文化的学习，更重视文质彬彬的礼仪养成。华桥外院人独有的文化气质，正是华桥外院最具标志意义的亮丽风景！

华桥外院的“桥”，不独精彩在水面，教学区各个建筑之间，又有廊桥相连，将第一、二、三教学楼与图书馆、第四教学楼与综合楼贯通起来，融为华桥外院别具特色的廊桥风景。

华桥外院的桥

廊桥。大学建筑中最有名的廊桥要数威尼斯的叹息桥了，据说每个考生在一年的考试之后，都会不禁在路经这廊桥时怅然回想自己一年的作为，对自己的得失进行总结，时时发出感慨之叹息。在剑桥，廊桥成为大学文化的一个重要体现。而华桥外院也有自己的廊桥，并赋予它独具特色的文化内涵。

华桥外院有廊桥三座，可以说将廊桥的功能用到极致。从一座建筑进入另一座建筑的过程中，师生们无须走出室外，只要从两楼之间的廊桥通过。一年里有多少风霜雨雪，有了廊桥，学生们往来于教室与图书馆之间，教师们往来于办公区与教学区之间，省却了多少遮风挡雨的物具，消解了多少防滑御寒的挂虑。可以说，学校对师生深切的人文关怀，就体现在廊桥的每一次穿梭间。

四个教学楼，分布着诸多语系、专业。学院派的教育，往往易于陷入专业化的偏狭，然而在华桥外院，院系与专业从不构成学生求学的界限。没有门户之见，没有派系之争，学生自由往返于各个教学楼之间，仿佛从印欧世界来到汉藏世界，从经济领域来到文学领域，就像走过一座座廊桥一样浑然无迹。华桥外院的廊桥，体现的是学校所追求的中外融通的合璧式教育的境界。

从建筑风格上说，威尼斯的叹息桥大概算作廊桥的典范，巴洛克式的穹隆，精雕细琢的窗棂，远观诚然是一座巧夺天工的艺术品。然而，也许是为了符合当年的用途吧，这样的设计也使得这座华美的桥内部阴郁晦暗，缺少华彩。华桥外院的廊桥设计上则采用了现代风格的大面积玻璃窗，使得桥体近乎一身通透。学子们走在桥内，看着窗外校园的四季全貌，便似能将大学四年的学习生涯尽收眼底。正如学校的全套人才培养方案对学生成长慎终追远的关怀，从入校之日起，便不间断地对学生进行德智体美全面培养，并帮助他们形成自己的人生规划，使得学生在大学阶段就能获得展望未来的全局眼光，将这四年时光看作实现人生目标的重要阶段，目的明确，不陷于迷惘。

由于桥体呈封闭结构，廊桥自身也成了建筑的一种延伸，于是它不单单是供人匆匆经过的路径，同时也兼是一处可供流连的风景。廊桥的这种作用，中外建筑史上都多有发挥：遍布桥亭长廊的广西侗族风雨桥，满是商家店铺的弗洛伦萨黄金桥，或在大河之上，或在楼宇之间，供游人小憩、观摩、交易、叙谈，使过桥这一再普通不过的肢体动作，充实为一种浓缩世态人情的文化行为。华桥外院的廊桥，虽素朴无华，但凭其简洁明阔，却也足以引人驻足。或独自一人彳亍廊下，听音晨读，或携二三友倚坐窗前，辩论畅言，莫不快哉。华桥外院的廊桥正寄托着学校的这样一种期望：学生在华桥外院的四载光阴，不只是通往成功的一条过渡性的通道，其中的每一时刻，也都饱含着可资细味的价值；在华桥外院，我们不加工速成的实用材料，我们在用心塑造一段丰沛浑整的人生。

华桥外院的桥，每一座都卓有性格。平桥，斜桥，曲桥，廊桥……华桥外院的桥如此多娇。

在华桥外院所有这些桥梁的形态之下，还统一着这样一种桥梁精神——公益精神。我国是桥梁的故乡，建桥数量之多，分布之广，一度居世界首位，被誉为“桥的国度”。而桥梁自产生始，便具有民众共有的社会性。与大多为私有的其他传统建筑不同，我国桥梁不管是官修还是私建的，自古以来都为社会所公有。因此，修桥或建桥一向具有广泛的社会公益性。

我国桥文化的公益性底蕴，也恰如其分地映衬着秦和及华桥外院的公益性办学精神。学校始终将社会效益放在首位，不以盈利为目的，不求回报，力求服务社会、造福社会，这种崇高的办学境界，正是对中华千百年来桥梁精神的继续书写……

华桥外院的桥富含着这么多的精神意蕴，我们难以将其一次诠释透彻。而在我们行文中遗落的东西，仍由在校园中这一座座桥来悄声诉说。

桥，是校园的魂；

秦和，是华桥的魂。

实践教学　地球村情

在创办学校之初，秦和就确立了华桥外院培养应用型人才的办学特色，学生的实践动手能力一直是学校教育和培养的重中之重。

近年来，教育部等国家层面开始特别强调培养应用型人才。与国家的政策导向相比，秦和对于实践教学的认识具有前瞻性，华桥外院在实践教学领域也一直走在行业前端。

在秦和看来，实践教学不仅是个口号，具化到如何落地，作为一所以语言为主打的文科院校，如何实现实践，也是一个难题。对此，秦和进行了认真的思考。她认为，语言的实践要充分体现在情景式教学之中，教与学的环境是实践的关键因素。为此，秦和提出了建设地球村的设想。

2011年6月16日，华桥外院大型语言实践教学基地——“国际语言文化实践教学中心地球村”正式揭牌。来自国内外的各大学校长以及各级领导，同华桥外院师生一起见证了这一重要的历史时刻。

地球村揭牌仪式

“地球村”的揭牌仪式受到了各级领导的高度关注。教育部、吉林省和省教育厅以及共青团吉林省委、市委宣传部、共青团长春市委等单位领导，出席了揭牌仪式。作为学校实践教学基地的部分企事业单位领导和部分优秀校友也参加了揭牌仪式。

来自美国特拉华州立大学常务副校长艾尔顿·汤姆森代表中外来宾在揭牌仪式上致辞，对华桥外院“地球村”揭牌表示热烈祝贺。他希望借助“地球村”和中外大学校长联席会议，增进国内外高校间的沟通和交流，实现多层次、宽领域的教育交流与合作。

最后，在全场师生的热切关注下，吉林省副省长王化文、省人大副主任杨绍明、省政协副主席徐学海、教育部国际交流与合作司副司长黄颖、省教育厅厅长卢连大和中国银行吉林省分行行长张平，一同为“地球村”揭牌。

秦和在“地球村”揭牌仪式上发表了激动人心的讲话。她指出，30年前，中国作出了重大的战略抉择，实行了全面改革开放，正是这个重大决策，使中国和世界的关系发生了前所未有的深刻变化，

秦和在地球村揭牌仪式上讲话

新的合作和发展空间日益增大。在此期间，快速成长的民办高等教育事业也成为了我国教育事业的重要组成部分，为未来十年公、民共同发展新格局的建立作出了巨大贡献，华桥外院正是在改革开放的新时代中应运而生。

华桥外院创办于1995年，在各级领导、各兄弟院校以及全社会的支持与帮助下，学校取得长足发展。在16年的办学实践中，学校借鉴了世界多所著名私立大学的成功经验，创造性地总结和提炼出一整套具有时代特征和符合民办高校特点的先进的办学思想。学校秉承“一切为了学生成人、成才、成功，使华外成为中华儿女成才走向世界之桥梁，中西文化合璧之桥梁”的办学理念；始终坚持公益性办学；坚持面向市场、突出特色、注重内涵、强化管理、精品办学、打造品牌的办学宗旨；始终坚持应用型本科定位不动摇，“不求大而全，但求特而精”，走出了一条“民”“特”“新”的办学之路。

学校目前是全国民办高校中唯一一所省属重点高校，是国务院批准的全国唯一一所非营利性民办高校改革试点单位，也是教育部本科评估调研试点合格单位，学校已成为吉林省培养高级外语外事人才的重要基地，成为全国民办高校的一面旗帜。

秦和认为，大学位于教育事业的高端地位，作用愈加重要，创新教学、改革人才培养模式也愈加迫切。大学不仅要注重知识的传授，更要注重能力的培养以及人格的健全的养成，最终，培养学生成为具有高度社会责任感的合格公民。为此，学校一直在探索应用型人才培养的有效途径和方法，一直致力于发掘适合市场需求的应用型人才培养新模式，华桥外院的"地球村"正是在这些思想和需要中诞生的。它不是简单意义上的实践教学场所，它是集文化、语言于一身的国际性文化语言实训基地。

在这里，几乎每一个文化元素都渗透着各语种国家丰富的文化内涵，通过语言感受文化，通过文化熏陶语言，"地球村"将语言学习与训练融入到文化氛围中，培养学生综合运用语言的能力和跨文化交际的能力，真正使学生体验到文化养人、文化育人的优质教育环境，体验到"中西合璧"的华桥精神。

秦和表示，她衷心地希望"地球村"的文化和理念不仅能够有效地促进学校对应用型人才培养体系的深入研究与实践，同时也能成为与国内外大学之间交流与合作的桥梁，并通过这样一个平台，彼此围绕大学治理，激发教育理念创新，传递大学文化精神，相互分享智慧，相互借鉴启发，促进友谊，共同繁荣。

其实早在2005年，秦和就提出了"地球村"建设的理念，即建设一个以世界为村庄，以华桥外院为世界的国际化的实践教学基地，来全面生动地展示各国风貌，“以文化感受语言，以语言熏陶文化”。建设“地球村”就是为了加强外语实践教学，强化基本功训练，提高学校学生的语言文化素养，开展丰富多彩的校园文化活动，使学生在校学习的各阶段都能受到语言和文化的熏陶，以此提高语言实践能力，为培养既具有社会责任意识又具有国际视野的应用型、复合型、外向型高级外语外事人才。

在五年的“地球村”筹划和建设过程中，各院、系师生为形成有国际化氛围的语言文化教学环境献计献策。在中外教师的共同努力下，2011年6月“地球村”正式投入使用。

“地球村”总建筑面积为3 991平方米，内设12个村，具体包括：中国村、日本村、韩国村、俄罗斯村、德国村、法国村、意大利村、葡萄牙村、西班牙村、阿拉伯国家村、英语国家村和联合国村。

远观“地球村”：球体造型，坐落于井然有序的红色教学楼间，引人注目。走进“地球村”：粉红的樱花树，扬帆的海盗船，金黄的俄罗斯庙宇，还有黑色的一汽轿车……

地球村外景

“地球村”的建筑主体采用玻璃材质，外形呈现为一个奠基在八角基座上的巨大球体，象征华桥人建筑在民族文化基础上的全球性视野。建筑内部分两大部分，十二个展区。入正门是一座高达四层楼的跃层大厅，大厅正面影壁中空，透视背景墙上呈现出圆形校标。大厅四周环廊层层围绕，由万国旗满满装饰，气象非常。天花板设计成巨幅纸张飘逸在半空的效果，上面用中西语言书写着学校的校训。这座主题大厅是地球村的门户，它将各个国家展馆联合在一个空间之内，象征全球文化真正成为村落般的一个整体，也象征了华桥人立足本土，胸怀世界的辽远抱负。

中国村位于“地球村”一层，占据了地球村主体建筑的基座部分。室内呈八角形状，面积约400平方米，是整个地球村最大的场馆。展厅内部设计充满浓郁的中华特色：整个展厅坐北朝南，进门为一门厅，南墙为长城的巨幅大理石浮雕。面对一处影壁，中有一圆形通透，将门厅与主馆既从空间上间隔起来，又在视觉上相连贯，符合中国传统园林设计的曲径通幽、景中有景的美学传统。正中仿照传统平棋天花作为吊顶装饰，下设桌椅，能容纳一个小型班级上课之用。四周有八根方柱树立，柱体呈青铜色，有甲骨、篆、隶、楷、行、草六体阳刻浮雕的古代各朝名号错落其上，寓示我国文化悠久的历史，和具有鲜明历史感的民族性格一起支撑起了中华文明的大厦。方柱之间有花墙式镂空展板，分别用图像展示中华民族的传统艺术成就、文化特色以及重大历史事件。又有若干修竹穿插其间，与方柱、展板一起将展馆的四周自然分为若干小型展区。其中与入口影壁隔厅相望的正北方区域为半间祠堂，奉至圣先师孔子雕像一座，前设学案四张，蒲团八个，在整个中国村内自成一体，俨然

中国村一角

是一间小型的古代书院的讲堂。其他各个小区域对应展板内容分别展示琴棋书画等古代艺术所用的器具，又有佛教手印雕塑、篆刻印章、陶器、方鼎、字画等艺术作品陈列其间。中国村其建筑设计运用了中国传统建筑外景园林与内部装饰的典型符号，其陈设集中了各家艺术类别的精粹，整体风格上既能体现儒家思想尊师重教、注重传承的正道传统，又能兼顾虚静清幽的道家美学精神，较为全面地概括了我国文化特色的重要方面。

联合国村位于地球村大厅部分的一楼，在墙体设计方面采纳了联合国总部大楼的装饰理念：南面为联合国徽记，北墙为将世界文明融于一体的巨幅壁画，历届联合国秘书长的头像和联合国大会召开盛况的照片分列两壁。天花板悬挂万国国旗，呼应外部大厅的背景装饰。下面是仿照联合国会议设计的主席台与议事圆桌，为

联合国村一角

学校学生社团模拟联合国活动的举行提供了仿真场所。

日本村位于地球村主体建筑的二楼，整体呈圆形结构。日本村从整体上构建了一座具体而微的日式庭院。进门厅便见和服人形两个，樱树两株，步入中间那座敞开的木栅门，穿过几列古朴的木桌，即是日本著名的禅意园林——枯山水。对面一间茶室，纸门三对，小几两张，壁龛半隅，字画一幅，境界极简，兴味无穷。释履跣足，静坐其中，默对着一池白沙青石，可于两色中参得万千妙悟；举首间，栅门外，樱花开处，富士山头的皑皑积雪已然在望……除却景致设计的精到之外，日本村环室陈列的小物也极见用心。四壁和式纸窗下，满满的是人偶、假面、便笺、纸扇等日本传统工艺品，以及剑玉、羽子板、花扎、独乐等日式玩具。粉墙上挂有绘卷物、绘草纸、障屏画、浮世绘等各时代绘画种类中的艺术名作。窗前间或竖几把伞，若倚放剑具护甲，就顿显肃穆萧飒；如随意系几面鲤鱼旗，就添了几许灵动活泼。可以说展厅用尽了每一个细节来诠释日本文化的独特魅力。

为了便于语言教学工作，每个村都配备了大屏幕和电视；在村内通过展板、沙盘模拟、雕塑和光盘等来展示学生所学语言国家的政治、经济、历史、文化、科技、教育、自然风光、民俗礼仪和饮食文化等。

日本村一角

作为外语学院的学生，除了对所学语言国家的基本情况有较清楚的了解以外，还应对当今世界最大、最主要、最具代表性和最有权威的国际组织——联合国有所了解。地球村里的联合国村，就可以帮助同学们了解联合国的组织和功能，激发同学们刻苦学习外语的热情。

在地球村的建设过程中，英语国家村是12个村落中最耗费心力的，一是因为它的建设工程复杂，二是它需要英语学院、双语学院、应用英语学院和翻译学院的师生全情地投入其中。为了让英语国家村更具专业性和实用性，四大学院成立了由15人组成的“地球村（英语部分）建设临时筹建小组”。

12个村庄在地球村里绽放异彩，为形成具有华外特色的国际文化环境和语言氛围创造了条件。

“地球村”作为校内语言类专业实践教学基地，其主要功能表现在：第一是教学功能，即利用“地球村”的设施和文化氛围，进行相关课程的教学。各院、系从2010年11月开始，陆续将口语课和国家概况等课程的上课地点由以往的教学楼改到地球村内，让同学们在富有浓厚文化韵味的环境里，更有热情地投入与老师的课堂互动中。

第二是实践、实训功能，即进行语言文化实践、外语基本功训练、综合技能训练和学生第二课堂活动。自“地球村”投入使用后，日语系的茶道社团、汉学院的翰香书法社、韩语系的韩剧鉴赏社团在文化气息浓厚的日本村、中国村和韩国村展开了丰富多彩的社团活动，让同学们在欢乐中既学到了专业知识，又提升了自身的综合能力，从而让自己的大学生活充实而有意义。

第三是观赏和展览功能，即对华桥外院非语言类专业开放，实现中外文化的交流与融合，为培养具有国际视野的应用型人才服务；同时，供社会和其他院校参观，宣传和展示华桥外院的办学特色。如由长春净月潭瓦萨国际滑雪节组委会和共青团长春市委共同主办的2011年长春瓦萨国际滑雪节“冰雪天使”评选活动决赛，就将赛场搬到了华桥“地球村”的中国村。火红的灯笼，典雅的中国文化氛围，不仅缓解了大赛的紧张气氛，也让参赛选手们陶醉于现场环境所带来的文化氛围。

“地球村”12个村庄的设计是以上述三大功能为原则的，同时，也因为这三大功能给同学们带来视觉感官的享受，而让整个“地球村”异彩纷呈、闪亮夺目。在师生们看来，“当一个个语言符号变成彩色的图画、生动的雕像、形象的标志性国家建筑模型和精致的民俗饰品，每一个文化元素都渗透着各语种国家丰富的文化内涵，教与学的过程也变得格外亲切自然”。

五年时间营造的“华桥世界”，12个村庄铸就“华桥国际文化”，三大功能点亮了“华桥地球村”。

国家文化氛围浓厚的“地球村”，会更好地发挥教学、实践和实训，以及观赏和展览这三大功能，更好地为语言教学工作和学生实践活动提供积极有效的平台，充分发挥实践教学对提升学生综合素质的巨大作用，从而实现华桥外院“一切为了学生成人、成才、成功，使华外成为中西文化合璧之桥梁，中华儿女走向世界之桥梁”的办学理念。

“地球村”活动照片墙

“地球村”是吉林省乃至全国唯一一个综合性、大型的语言学习实践基地，其独特的建筑构造、精心的内饰设计，尤其是极富创新性的语言实践教学功能，在国内外同行中引起强烈反响。据不完全统计，开村一个学期“地球村”共接待国内外高校和教育机构来访总计百余次，在促进对方与华桥外院进行教育合作方面发挥了积极作用。

由于设计独特、内涵丰富，在应用型外语类人才培养方面具有学习和借鉴价值，“地球村”于2011年和2013年先后被确定为省级实验教学示范中心和国家级实验教学示范中心。

2013年10月，联合国教科文组织正式命名华桥外院的语言文化实践教学基地——“地球村”为“世界多元文化教育中心”，将华桥外院的创新实践教学模式纳入国际文化教育交流范畴。“地球村”被赋予“世界多元文化教育中心”的新使命，成为联合国教科文组织设在我国的二类国际中心，这也意味着它将通过一个更高的交流平台，把秦和以及华桥外院的人才培养理念，以及语言文化相融合的实践教育教学模式，广泛地介绍给国内外的教育机构和研究中心。

申硕成功　新的飞跃

改革开放以来，中国民办高等教育历经三十年的风风雨雨，在“夹缝”中萌芽、生长，如今已开出美丽的花朵，渐成蓬勃之势。

然而，在人们的普遍认识之中，中国的公办高校长期处于一统天下的局面，人们对民办高校了解不多，认为民办教育仍处于高等教育的较低层次。谁能设想，民办高校也能开展研究生教育？这无异于白日做梦。

其实，从创校时起，秦和心中就有这样一个梦。随着学校的发展壮大，这个梦想也日益成型，成熟。早在2007年，秦和就在心中提出了申硕的目标，为国家培养更高层次的人才，然而当时国家层面并没有明确的政策信号的导向，要给民办学校申办硕士的空间和机会。但是秦和始终坚信，机会只留给有准备的人，因此，她更多的是默默做着准备，等待着国家的政策和机遇。

秦和办教育从不急功近利，她创建华桥外院16年，前八年着力点是学校建设、升格和转型，后八年则进入了学校内涵建设和有序发展。短短的16年，她一步一个脚印，在学生来源、师资队伍、专业建设等方面，一年一个台阶。16年，或许只是历史长河中的一个瞬间，而华桥外院却在这16年中创造了一个又一个奇迹和辉煌。

这些年秦和把办学结余全部用于了教育，加大了对学生的奖助学金支持力度，师资队伍的建设一刻也不曾松懈，使得华桥外院今天的师资队伍储备十分精良。学校自有教师占87%以上，职业教师占13%，形成了专业教师、外教、职业教师三位一体的教师队伍，学科带头人都是国内顶尖的翻译人才。

进入21世纪的头十年，国家对发展民办教育越来越重视，教育环境不断得到改善，这对民办教育的发展无疑起到了推动作用，为民办高校提升办学水平和层次提供了平台和机会。

待到山花烂漫时，她在丛中笑。

2011年硕士专业学位研究生试点单位遴选工作中，华桥外院与吉林省其他七所公办高校进行竞争，通过专家评审，以吉林省第

秦和在申硕成功大会上的讲话

一名的身份晋级。经过教育部专家的严格评审，最终以优异成绩在全国84所申硕高校中排名第四、在民办高校中排名第一，成功获得2012年硕士专业学位研究生招生资格。

申硕成功！这成为华桥外院办学史上的又一个里程碑。

消息传来，全校上下群情振奋，欢欣鼓舞。为了纪念这一重要历史时刻，2011年10月26日，师生们齐聚一堂，在体育馆隆重召开了“华外成为培养硕士专业学位研究生试点单位庆祝大会”。

庆祝大会上，华桥外院和吉林省政府外事办公室正式签订合作协议，规定双方将以“全程参与，交叉培养，共同评价”为基本理念，联合培养翻译硕士专业学位研究生。

秦和在庆祝大会上激动地说，2011年10月17日，是全体华外人永远值得铭记的日子，这一天，国务院学位委员会正式下发文件，批准华桥外院成为全国首批获得专业硕士授予权的民办高校。这是学校办学史上的又一个里程碑，它标志着学校向创建高水平民办大学迈出了坚实的一步，它也必将有力地促进学校继续引领民办高等教育事业健康可持续发展。

秦和说，国家《纲要》明确指出，民办教育是我国教育事业发展的重要增长点和促进改革的重要力量，要办好一批高水平的民办大学，实现公、民共同发展的新格局。此次国家批准民办高校开展专业硕士试点工作，充分体现了国家对民办教育事业的高度重视和重新定位，预示着我国民办高等教育现已进入了又一个重要的战略发展时期，在未来会有更大的发展空间。

回顾申硕的历程，秦和骄傲地说，申硕的优异成绩和最后的成功得益于华桥外院始终坚持公益性、面向市场、突出特色、苦练内功、强化质量的办学思想；得益于华桥外院始终坚持应用型定位不动摇，控制规模，精品办学，既不招收专科、专升本的学生，也不搞任何培训，全心全意打造应用型本科教育；得益于同东北亚地区和长吉图先导区建设对翻译人才需求的高度契合，并且较早地建立了翻译专业的比较优势；更是得益于华桥外院全校师生的齐心协力、负重拼搏。

在秦和看来，申硕的成功不仅仅是办学层次的跃升,还体现了各方面的高度认可，从而掀开了华桥外院发展史上新的一页。她特别强调，获得硕士学位授权，在荣耀背后，是沉甸甸的责任，学校将紧紧围绕社会和行业需求，创新翻译硕士人才培养模式，倾尽全力，努力培养具有较强的翻译能力，礼仪知识好，职业素养高，能够胜任经贸、旅游等领域的高层次、专业性、应用型、复合型高级口、笔译人才，并在多年应用型本科研究和实践成果的基础上，脚踏实地，办出特色，办出质量，办出水平。

回顾学校发展之路，秦和感慨地说，华桥外院经过了16年的发展历程，前八年是建设、升格和转型，而后八年则完全进入内涵建设和有序发展。短短的16年，只是历史长河中的一个瞬间；而华桥外院却在这16年中创造了一个又一个奇迹和辉煌。从办学到升本，从申重到申硕，华桥现象将永远记录在我国民办高等教育发展的历史史册上。

对于未来，秦和表达了自己的展望，她说，申硕的成功只是上水平、上层次的一个良好开端，若干年后，她仍会持之以恒，不懈努力，华桥外院将继续申请专业博士，力争把学校建设成一流的应用型外国语大学，进而创建百年私立名校。她坚信，在不久的将来，华桥外院一定能够跻身于我国高等教育的主流行列，走向世界！

申硕的成功掀开了华桥外院发展史上崭新的一页，然而，这仅仅是秦和申硕之路成功迈出的第一步。

2014年7月，根据国务院学位委员会《关于下达2014年审核增列的硕士专业学位授权点及撤销的硕士学位授权点名单的通知》，华桥外院申报的教育硕士、国际商务硕士、汉语国际教育硕士正式获得批准，增列为硕士专业学位授权点，将列入2015年招生专业目录。至此，华桥外院已拥有翻译硕士、教育硕士、国际商务硕士和汉语国际教育硕士四个硕士专业学位授权类别，在国内民办高校中位居前列。

此次硕士专业学位授权点的增列，实现了华桥外院专业学位授权点在文、经、管、教学科门类的全覆盖，形成了从本科到研究生的应用型人才培养体系，优化了研究生培养结构和布局，推进了华桥外院高水平民办大学的建设进程。

秦和表示，华桥外院将以此为契机，围绕经济发展需求，推动开放办学，加大校企合作力度，以职业需求为导向，以实践基地建设为依托，完善校内外协同机制，构建专业学位研究生人才培养、科学研究、社会服务等多元一体的合作培养模式，不断提高专业学位研究生培养质量，促进学校专业学位研究生教育的发展,进一步彰显学校办学特色，更好地满足经济社会发展对高层次应用型人才的迫切需求。

申硕的成功和硕士点的增列不仅是学校办学层次上的跨越，而且是华桥的一次自我肯定和升华。然而，秦和也清醒地认识到，层次的跨越只是一种标示，教育发展的根本还是靠实力。

秦和决定，华桥外院会继续在内涵上下功夫，在质量上求发展，用实力和成果说话，以打消社会上对民办教育盲目追求办学层次的顾虑和疑问，接受社会和市场的考验。

在秦和看来，成就和荣誉永远属于过去，未来的逐梦之路，还要一步一个脚印，踏踏实实地走下去。

梦的升华

“我坚信，经过一段不算短的历史时期，也许百年，也许更长的时间，中国民办高校中将会出现如同美国的哈佛大学、斯坦福大学、英国的剑桥大学、日本的早稻田大学那样世界闻名的私立名校。而我们这些在新时期投身于中国民办高等教育的举办者、跋涉者，甘愿做这一任重道远发展过程中的铺路石，我们将通过不懈的势力和无私的奉献，为奠基百年树人的工程，为打造百年名校的目标，坚忍前行。”

——秦和

公益引领　奉献社会

秦和始终把向社会献爱心作为教学中的一项重要内容，自觉而主动地参与社会公益活动和公益事业建设，秦和认为：“育人为本、德育为先”，这种公益性的精神感染着老师和学生，使华桥一代人有一个很好的风尚。这种精神将来会成为华桥的大学精神，大学文化。

秦和经常对华桥外院的学生说：“我们的国家需要桥梁，世界需要桥梁，每个人的成功更需要桥梁。架桥是一件很困难的事情，它既需要时间和信心，更需要坚忍不拔的毅力。你们在学校读书时，老师已经为你们架起了通向社会的桥梁，老师们做到了。同学们，当你们站在社会这个大舞台上时，能不能架起为祖国建设、为

华桥外院师生慰问灾区小学

人民幸福的桥梁，这是你们人生中又一次新的考验。我们国家需要架桥者，那些放眼未来、具有奉献精神的，才会真正成为优秀架桥者。我希望同学们要发扬我校‘求公致远，追求百年’的公益精神，担起架桥的光荣使命，心系祖国、回报社会。”

秦和鼓励学生们要做纯粹的人：“要有目标，不能处于完全被动的状态，要在人生的过程中把握自己，做好定位；一旦确立了目标，就要有信心，努力付出，义无反顾地走下去；人生的选择没有对与错，走哪一条路都有可能成功，所以要做好身边的每一件小事，因为这些都是成功的积累；要做纯粹的人，一辈子都不丢失纯洁的一面，脚踏实地，坚持不懈，坚守自己的信念和理想，增强社会责任感，努力使自己成为专业基本功扎实、综合素质高、实践能力强、人品高尚的有为青年。”一位老师感慨道：“你知道在人才市场中，华桥外院的学生为什么特别受欢迎吗？是因为他们普遍做事认真，有社会责任感，哪怕明天就要走，今天还是要把事做得清清楚楚。这与华外四年的德育培养是分不开的。”

秦和这样教育学生，她自己也身体力行，以这些标准要求自己。多年来，秦和办学所得积累，全部用于教育事业。她坚持为贫困学生减免学费，为优秀学生颁发奖学金，带领师生到孤儿院送温暖，赴抗洪前线慰问子弟兵、救助灾民，为西部贫困母亲建水窖，安置下岗女工，兴建春蕾小学，支持国家无偿献血，累计出资上百万元。

当有人问到秦和，为什么作为一所民办大学的校长，这么热心公益事业时，她回答道：“社会公益活动匹夫有责，作为教育工作者要有奉献精神，因为学校的建设也是来源于社会，回报于社会，应该说教育就是这样的，应该是与社会紧密相连，一个是要理解社会、

秦和慰问抗洪战士

了解社会，另外紧紧地围绕社会人才的构架培养人才，对国家和社会的事情，作为中国人都要关心，都要维护我们国家的荣誉，助力我们国家的建设，这是匹夫有责。”在秦和看来，大学校长既要办好学，还要有担当，在履行社会责任上做好表率，成为社会道德风尚的引领者。

志愿精神　回报社会

秦和认为，华桥外院是为了给国家培养人才而办学，为了中华民族的伟大复兴而办学的。学生为什么学习，是为了成为理想的人，成为国家桥梁，是为成才而学习，为服务社会而学习的。

因此，华桥外院的志愿者活动开展得很好。秦和非常希望把志愿者工作做好，因为志愿者不光锻炼自己的能力，更能为社会服务，而高等教育本身就有服务社会的功能。华桥外院对志愿者的支持力度非常大，建立了一整套的管理办法。

华桥外院作为全住宿管理模式的学校，有计划、有组织地引领学生走出校门，认识和了解社会就更为重要。华桥外院把大学生社会实践纳入了教育和教学计划之中，不断提高学生的学习能力、创新能力、实践能力，就业能力。华桥外院学子在历届汽博会、电影节、商品交易会、国际滑雪节、贸易博览会、世界冬季城市市长会议、亚冬会等大型活动中组织大批大学生志愿者，表现出了良好的素质，不仅翻译准确流利，而且举止文明端庄，受到国际友人和社会各界的广泛赞誉。学院也因此多次被吉林省评为“特殊贡献单位”，被长春市政府授予“先进单位”和“有功单位”称号。

华桥外院的志愿者多次受到有关单位的称赞和表扬，志愿者活动也是对学生综合素质的培养和锻炼，是一个提升的过程，还有机会参与到服务社会中去。让学生感觉到自己所学就是要服务于社会，这也是对学生教育一个很好的举措。

入选世博会志愿者的吴爽同学在谈到自己的志愿者经历时说：

“我入选世博会的志愿者，第一，要感谢华桥，因为华桥给了我这个千载难逢的机会；第二，是学校严格的管理与‘天下大事必从细而做’的精神让我在面试中更注重细节，在培训中也追求完美；第三，归功于我在华桥学到的礼仪知识，大学三年我都是校礼仪队的一员，我觉得礼仪气质的养成是我脱颖而出的一重大因素；第四，在大学期间我参与的外事活动比较多，曾当选第五届东北亚投资贸易博览会的形象大使，当选过长春瓦萨滑雪节的冰雪佳丽，

2006年长春净月潭瓦萨国际越野滑雪节上的华桥外院志愿者

参与过瓦萨之夜等大型活动，我想舞台表现、接人待物、临场应变等方面也是我的优势。华桥外院给我们提供了许多锻炼自己的机会与平台，重要的是我们要抓住机会，展示自己，但机会也是留给有准备的人的，那么平时就要求我们在生活、学习、工作等方面都养成好习惯，在世博会，华桥的志愿者依然会把被子叠得很整齐，这令世博会的领导都赞不绝口。那一刻我明白了，这就是华桥给予我们在细节上良好的养成。”

华桥外国语学院志愿者工作起步较早，发展迅速。学院的志愿者团队始终活跃在全省大学生志愿服务前沿，曾多次获得殊荣。2009年，为进一步落实学校公益性办学理念，整合校内志愿服务资源，团委组建了大学生志愿服务中心（青年志愿者联合会）。志愿服务中心注意发挥外语专业特色，将外语外事志愿服务作为大学生服务地方经济发展的切入点，广泛参加各类展会及外事活动，成长迅速，获得了社会各界的广泛赞誉。

2009年爱心足迹——走进农安县特殊教育学校志愿活动

近年来，华桥外院志愿者团体共为长春市汽车产业博览会、长春市瓦萨国际滑雪节、长春国际雕塑展、长春市民间艺术博览会、长春市农业产业博览会、长春生物产业博览会、长春市图书博览会、长春市创业博览会等市级展会提供志愿者约1 500余人次；为东北亚投资贸易博览会、中国—欧盟投资贸易洽谈会等省级展会提供志愿者约460人次；为冬季城市市长会议、汉语桥、吉林与非洲发展论坛、中日韩青年交流大会、中韩跆拳道对抗赛等省级外事活动提供志愿者约290人次；为长春亚冬会、北京奥运会、残奥会、上海世博会等国际盛会提供志愿者约90余人次。尤其在上海世博会上，华桥外院志愿者被选拔上了23名，占吉林馆大学生志愿者总数的一半以上。2010年4月15日，上海世博会吉林馆志愿者誓师大会在华桥外院隆重举行，30余家媒体对志愿者进行了大量密集的报道。在省政府进行的参博表彰中，卢征

秦和与华桥外院的志愿者在上海世博会上

宇等19人荣获“优秀志愿者”称号，华桥外院被授予“最佳支持单位”称号。协会近三年来累计为社会各级活动提供逾2 300人次志愿者；参与各类志愿服务人数达到 1 100人次，获得市级优秀集体奖12项，市级先进个人奖12项，市级优秀组织奖3项；省级优秀集体奖4项，省级优秀个人奖3项；共组织1 480人次参加“保护母亲河义务植树”“车站街路清理”“低碳环保宣传”等活动；开展“支援灾区，爱心捐赠”活动，学校为汶川、玉树、吉林等灾区捐款21.6万元；开展义务献血活动，组织义务献血1 106人次；经常性地组织慰问孤老病残、义务支教等社会公益活动。学生们通过志愿服务活动加深了对社会的理解和认识，学会做人，学会做事，学会关心他人，学会关心社会，学生的社会实践能力和社会适应能力显著增强。

华桥外院对于志愿者活动的整体设计和学校的多元化育人方式，弘扬了奉献、友爱、互助、进步的志愿者精神，为学生“成人成才成功”教育注入了活力，为贯彻落实学校“德育为首，育人为本”的理念和实现应用型人才培养目标提供了一个有利的实践活动载体。

巾帼志愿服务作为华桥外院志愿服务工作之一，主要是在省妇联的领导下，在省巾帼志愿者协会的指导下开展起来的。在全校师生的积极响应下，取得了很大成绩。据统计，2009年以来，华桥外院参与“代理妈妈”“与贫困地区小学对接”“支农支教”“慰问孤老”“捐款、捐书、捐物”等各类公益活动一百余项，参与人数超过5 000人次，捐款累计34.5万元，捐书8 000册，捐衣物11 000件。

秦和在巾帼志愿者启动仪式上讲话

华桥外院的办学理念中包含有公益精神和桥梁精神，公益精神就是要感恩社会，回报社会，服务社会，桥梁精神就是要做桥梁、做纽带、做使者；在育人理念中，学院强调“德育为首，育人为本”，要做德育教师，德育学生，他们把这些思想和精神贯彻到志愿者头脑中，在志愿服务中体会自身的价值、感受志愿服务的意义，让老师们受到触动、献身教育事业；让学生思想得到升华，立志报效国家。学院把志愿者服务工作与学院的人才培养工作紧密结合，学校的根本任务是培养人才。所以，学校把志愿服务工作作为课堂教学的延伸，作为实践教学的重要环节，在工作中注重与学生所学专业相结合，让学生在服务社会的同时，提高自身的综合素质与就业能力，实现双赢。同时学院还把志愿者服务工作与学校发挥为地方经济建设服务的功能紧密结合。学校的发展离不开地方的有力支持，学校也应当主动融入地方经济的发展建设中。

在秦和的领导和示范下，华桥外院秉承着“奉献爱心，服务社会”的志愿精神，以认真细致、质朴务实的工作态度，在长春各大展会上展现出华桥外院学子的风采，志愿者们以高度的社会责任感和不怕吃苦、爱岗敬业的奉献精神，赢得了省市政府领导和组委会的肯定和好评，俨然成为长春市对外交流、沟通情谊的友好“名片”。

发起联盟　服务社会

“联盟成员高校将倡导并坚持非营利性公益办学方向，服务经济社会发展，服务师生发展需求，建立成员单位间长期的交流互助和协同创新关系，在实践中努力追求卓越的办学成果。”2013年12月12日，来自全国的26所民办高校在北京发起成立了非营利性民办高校联盟，联盟主席、吉林华桥外国语学院院长秦和在联盟成立大会上作出庄严承诺。

秦和认为，公益性是民办教育的基本属性之一，实行非营利性办学，是民办高等教育公益性的集中体现。2010年，党中央、国务院颁布《国家中长期教育改革和发展规划纲要（2010—2020年）》，提出“积极探索营利性和非营利性民办学校分类管理”，并在部分地区和学校开展分类管理改革试点，成立非营利性民办高校联盟，是我国民办高等教育改革发展的创新性探索。

非营利性民办高等学校联盟成立大会

在三年多试点探索的基础上，2013年12月12日，吉林华侨外国语学院等26所民办高校发起成立了非营利性民办高校联盟，这是深入推进非营利性和营利性民办高校分类管理的重大举措，体现了大力发展非营利性民办高等教育的政策导向，为探索符合我国国情的非营利性民办高校办学模式搭建了新的平台，将极大促进民办高等教育质量和水平的提高，促进民办高等教育持续健康发展。

秦和指出，联盟是在教育部支持下，在中国民办教育协会指导下，由非营利性民办高校自愿组成的协作组织。发起成立联盟的民办高校，均具有很好的办学基础，非营利性办学方向明确，具有很强的代表性，联盟成员签署了公约，共同向全社会郑重承诺：将以中国特色社会主义理论体系为指导，全面贯彻党和国家的教育方针，遵循高等教育规律和民办教育发展规律，坚持走“民、特、新”的发展道路，坚持公益性和非营利性办学，不谋求任何经济回报，办学经费全部用于所在高校的建设与发展。

根据章程，联盟的宗旨是：第一，坚持方向引领。推动非营利性民办高校坚持公益性办学，坚持应用型定位，引导非营利性民办高校按规律办学，促进成员单位依法治校，规范管理，科学发展。第二，坚持服务导向。不断提升人才培养质量和办学水平，更好地服务非营利性民办高校发展的需求，服务国家高等教育发展和经济社会发展的需求，满足服务非营利性民办高校师生的需求。第三，坚持合作共赢。结合非营利性民办高校改革与发展的需要，以自愿、平等、协作、创新为原则，搭建沟通和信息交流平台，建立成员单位间长期的互惠互利和协同创新关系。

当前，我国民办高等教育正处于改革和发展的关键时期。十八届三中全会从全面深化改革这一全局出发，对教育领域综合改革作出了系统部署，强调要发挥市场在资源配置中的决定性作用，要健全政府补贴、政府购买服务、助学贷款、基金奖励、捐资激励等制度，鼓励社会力量兴办教育，为下一步深入推进民办教育综合改革提供了依据。当前和今后一个时期，联盟将以十八届三中全会为指导，重点开展以下几个方面的工作：第一，宣传引导。高举公益性旗帜，在全社会大力宣传党和国家大力发展民办高等教育的政策导向，宣传非营利性办学理念，广泛争取社会各界对非营利性民办高校的关心和支持，为非营利性民办高校改革发展营造良好氛围。第二，交流合作。密切非营利性民办高校之间的联系，密切中外非营利性民办高校之间的交流合作，分享办学经验，促进非营利性民办高校在人才培养、科学研究、资源共享等方面的合作。第三，调查研究。围绕非营利性民办高校改革发展中面临的重大问题，组织开展相关课题研究。第四，建言献策。在深入调查研究的基础上，及时就相关政策议题提出咨询意见，推动我国非营利性民办高等教育政策体系的完善。同时，联盟还将积极承担政府委托的任务。

对于成立联盟的重要意义，秦和说："非营利性民办高校联盟的宗旨是'方向引领、服务导向、合作共赢、追求卓越'，作为联盟的发起学校，我们有共同的奋斗目标、共同的价值追求和共同的责任担当。我们在一起，就是要团结努力，为探索非营利性的高水平民办大学发展模式共同开展有效务实的实践。因此，我们将加强交流合作，密切非营利性民办高校之间的联系，推动办学经验交流，促进非营利性民办高校在人才培养、科学研究、社会服务等方面的合作。提高我国民办高校的资源共享度，扩大我国民办高等教育的声誉和影响。"

2014年7月5日，2014非营利性民办高等学校联盟信息联络员会议在吉林华桥外国语学院"世界多元文化教育中心——地球村"的中国村召开。教育部和吉林省教育厅的多位领导出席会议并致辞，来自全国47所联盟成员高校和3所申请入盟民办高校的信息联络员参加会议。

秦和在开幕式上致辞，欢迎联盟单位代表的到来，并介绍学校的非营利性办学理念和发展历程。她说，华桥外院与在座的各兄弟院校一样，是伴随着中国改革开放的步伐创建和成长起来的。学校在教育部、省教育厅的关怀和领导下，走过了一条不平凡的发展道路。

华桥外院自办学之初到现在，一直秉承"一切为了学生成人、成才、成功，使华桥外院成为中西文化合璧之桥梁，中华儿女成才走向世界之桥梁"的办学理念。高举公益性旗帜，坚持非营利性办

秦和在2014非营利性民办高等学校联盟信息联络员会议开幕式上致辞

学，走“民、特、新”的发展道路。始终坚持严控规模，不求大而全，但求特而精的办学思想。始终坚持应用型定位不动摇，着力为国家特别是吉林省区域经济社会发展服务。在短短的19年间，学校始终坚持精品办学，全力打造培养高素质应用型人才的培养目标，使学校的教育教学质量、办学水平、综合实力、社会声誉得到进一步提升。应该说华桥外院与各位同仁一道，始终致力于建设非营利性高水平民办大学，努力实现百年名校的梦想。

作为联盟主席，秦和希望本次会议能够积极贯彻联盟《章程》中所提出的十六字方针——“方向引领、服务导向、合作共赢、追求卓越”。希望各联盟成员高校抓住这次难得的机遇，真正为联盟今后如何开展好工作，提出高屋建瓴的好建议，共同将这次会议开得团结、务实、富有成效。同时，她也特别希望非营利性民办高校联盟能够真正成为联盟成员单位共谋发展、互相交流学习的互动平台，成为向社会各界展示联盟成员高校坚持非营利性办学，坚持公益性办学、积极向上精神风貌的窗口。

最后，秦和表示，借此机会，祝愿各联盟高校越办越好，实现教育部所期待的那样，在中国大地上办出一批高水平的非营利性民办大学。希望大家一起携起手来，为这个宏伟的目标共同努力。

建言献策　心系社会

秦和不仅是一位成功的教育实干家，她还主动承担大量的社会工作，在教育领域中结合工作实践，撰写了许多有质量的提案，成为中国民办教育问题的建言人。

秦和对自己能够成为全国政协委员感到非常光荣，并力争在自身岗位上为教育事业的发展献计献策。每次去参加两会时她都提前很久精心准备提案，因为她总是说："教育早已成为流淌在我血液中的灵魂，作为政协委员，我将把更多的教育'好声音'，带到北京的全国两会上。"

作为国家政协委员的秦和

两种不同的社会身份，同样的一个目标追求。身为吉林华桥外国语学院院长，秦和一直致力于将其顶层设计理念贯彻到国内一流民办高校的创建中，可谓对教育事业情有独钟；而她在担任全国政协委员的短短几年里总共提出了十多个有关教育的提案。

想要做出一个科学合理并且有创建性的好提案绝非易事，必然要经历一系列复杂的考察与调研。民办教育是秦和的本行，对此她再熟悉不过，也无时无刻不在进行着思考，所以她的提案主要集中在了民办教育发展方面。秦和认为高等教育的发展要靠普通高校和民办高校两个轮子共同运转，但由于相关政策法规的滞后性和不配套，往往使民办高校的健康发展面临一些阻碍与问题，对此她上交了诸如《关于建议制定和实施“国家级示范性民办高校建设计划”》《对民办学校法人属性和身份的认识和建议》等提案。

当前的大学生就业难问题严酷地摆在了社会面前，“鼓励自主创业，以创业带动就业”已经成为大学生就业发展的全新导向。秦和非常赞同这种以创业带动就业的观点，但同时也认识到，要想真正实现这种转变，社会相关部门还要起到应有的保障与扶持作用。在《对大学生自主创业的认识和建议》的提案中，她就紧密结合当前社会发展状况与经济形势，呼吁相关部门设立大学生创业机构或研究组织，建立由国家相关部门主导的减免税、贷款贴息、设立创业专项基金及场地等，从而为大学生就业创建强有力的支撑平台。

在办校治学的过程中，秦和还发现了一个十分突出的问题，即不少学生语法修辞知识匮乏，文字功底很差。观一叶落而知秋至，她开始怀疑这并不是一个局部性问题，而是全国范围内普遍存在的状况。有了这样的想法之后，秦和深入长春市各大中小学考察语言教学现状，甚至利用出差办公的休息时间四处走访调研。

为国家建言献策的秦和

为了增强信息的全面性，她所考察的目标也从起初的教学领域逐渐向外拓展，范围包含了报刊、电视等媒体，甚至对街道上的广告牌都有所留意。经过长期的考察调研，秦和发现当前我国语言文字的使用中确实存在着许多不规范问题，错别字、生造词等语言混乱现象层出不穷。据此，她开始认真学习研究国家语委颁布的文件，并依据调研结果进行深入总结思考，最终才形成了《关于汉语言文字规范化的提案》。

近年来，秦和的目光开始关注我国的弱势群体和妇女儿童，她积极收集资料，提出议案，为参政议政作出了大量卓有成效的工作。

2012年的全国“两会”上，秦和经过深入调研分析，向大会递交了一份关于尽快解决农村义务教育学校布局调整后续问题的提案。提案中的很多观点，正是当年政府工作报告的关注点。

“随着农村中小学布局调整的推进，产生了一些新的问题和矛盾——农村学生就学成本增加；学生上下学交通安全问题凸显；农村寄宿制学校生活设施不配套；解决学生营养不良问题压力较大。应在公共政策层面及早研究，尽快形成解决问题的对策。”这是秦和当年提案的主要观点。

秦和建议，在原有资助体系的基础之上，进一步提高家庭经济困难寄宿生生活费补助标准；校车监管要发挥政府主导作用，厘清职责，加强协调，探索建立公共财政、社会、个人付费，共同分担校车成本的机制；农村寄宿学校学生食堂、厕所等生活设施建设，由财政安排专项资金，新增教育经费继续向农村学校倾斜；在贫困地区营养改善计划实施中建立教育、卫生等部门共同参与的工作机制。同时，鼓励各地根据实际采取营养改善措施，避免“一刀切”。

秦和在她的一份提案中建议将新增教育经费向特殊教育倾斜，切实维护教育公平。“改革开放以来，我国特殊教育事业取得了长足发展，但基础仍比较薄弱，远不能满足广大残疾儿童、少年接受教育的需求。”秦和委员建议，首先要明确特殊教育经费占财政性教育经费的投入比例，不断提高义务教育阶段人均拨款标准。同时，优化特殊教育层次结构，积极为残疾儿童、少年接受普通高中教育、中等职业教育和高等教育创造条件，并大力发展面向农村残疾儿童少年的特殊教育。

秦和不止一次呼吁：“应尽快制定和实施一部具有我国特点，又能客观反映教育规律与人才成长规律的《学前教育法》，以保证学前教育的普及与质量的提高。”

在秦和看来，制约我国学前教育发展的一个重要原因在于社会各界对学前教育的重要性认识不足，没有立法保障。改革开放以来，全国人大虽然先后通过了《教育法》等多部教育法律，但是，还没有一部涉及幼儿学前教育的专门法律出台。

为此，秦和建议应根据社会各界，特别是幼儿家长的意见，加快学前教育立法的步伐，通过立法进一步明确学前教育的性质、宗旨和地位。此外，还应重点加强对学前教师队伍的建设和培养。学前教育对人一生的人格品质和智力开发具有重要作用，对其质量要求很高。全国现有幼儿园专任教师(包括园长)101万多人，但只有半数以上的人拥有专科以上学历，其中60多万人没有职称，许多人根本不熟悉学前教育专业。

因此，秦和在提案中明确建议，一方面应加大学前教师队伍的培养力度，另一方面要通过法律的形式大力提高对学前教师的资质要求，提升学前教育师资水平。

在2014年的两会上，秦和提交了《发挥市场机制优势，加快民办高等教育发展》的提案，阐明了民办高等教育的地位与重要性。她介绍说，“民办高等教育与公办高等教育的本质属性一样，都是社会公益事业，都肩负着培养人才的重任。我国民办高等教育伴随改革开放恢复发展，在加快高等教育大众化、满足多样化高等教育需求、缓解财政压力、扩大社会就业等方面发挥了重要作用，已从高等教育的‘必要补充’发展成为‘重要组成部分’。”

秦和认为，虽然国家高度重视民办高等教育发展，但一些关键性问题未能从根本上解决，存在法人属性不清，缺乏稳定的经费保障机制，政策待遇难以落实，政府与民办高校关系尚未理顺，仍存在管评办不分现象等问题。

“以上问题不解决，我国民办高等教育将始终只能在规模拓展和较低发展水平上徘徊，内涵发展难以真正落实。”秦和说。

针对以上问题，秦和委员提出了四点解决建议，要以三中全会精神为指导，切实解放思想，全面把握民办高校地位作用的内涵。此外，落实配套政策，对民办高校实行分类管理。同时，加强政策引导，大力支持非营利性民办高校发展。加强管理，完善自我发展和约束机制。

同时，秦和对当年政府工作报告中提出的“贫困地区农村学生上重点高校人数要再增长10%以上”也表达了自己的看法。“提高农村大学生上重点大学比例，关注的是高等教育入学机会公平问题。”秦和说，“我国的高考招生制度实行‘分数面前人人平等’，这在形式上是公平的。但我们知道，对考生而言，高考成绩的高低不仅取决于考生的努力程度，还与家庭所能提供的教育条件及所接受基础教育的质量和水平密切相关。”

秦和指出，贫困地区农村学生在家庭所能提供的教育条件及所接受基础教育的质量不如城市学生，这是教育事实上最大的不公平之一。对于这次政府工作报告明确提出要提高10个百分点，来保障贫困农村学生上重点大学的举措，秦和表示完全拥护。但与此同时，作为一名教育领域专家，她也表达出更为理性和深入的思考。

秦和分析了在政策落实过程中可能遇到的阻碍：国家政策是好的，但如果操作不规范，监管不严，可能会出现通过篡改考生户籍冒充农村考生的情况，导致农村考生名额被挤占，政策效果大打折扣。对此，她希望在这项政策执行过程中，实行完完全全的信息公开，主动接受全社会的监督，确保农村考生真正受益，把好事办好。

在2015年3月10日举行的全国政协十二届三次会议上，秦和作为全国政协委员、中国民办教育协会副会长、吉林华桥外国语学院院长和教育界委员代表，作了题为《着力制度创新、大力发展民办教育》的发言。她在发言中指出，改革开放以来，党和国家对民办教育高度重视，采取了一系列扶持措施。经过30多年的发展，民办教育的重要地位作用充分显现。对于民办教育的重要性和不可替代性，各方面虽已形成高度共识，但在实践层面，许多制约民办教育发展的制度瓶颈始终难以突破，认识与实践严重脱节。在教育供给总体严重不足的情况下，尽管政策环境尚不完善，民办教育在规模上仍能保持持续发展的势头。随着我国教育供求关系从“求大于供”向“供求基本平衡”和“供大于求”转变，民办教育的发展空间总体上被不断挤压，有的民办学校显得步履维艰。

秦和在全国政协十二届三次会议上发言

秦和指出，当前，我国经济发展进入新常态，正处在增速调整、结构优化和转型升级的关键时期。这一时期，同时也是我国深化教育综合改革、加快推进教育现代化的攻坚期。两期的叠加，给教育带来了新问题、新挑战。在经济增速趋缓、财政压力增大的背景下，大力发展民办教育，拓宽教育经费渠道，激发教育活力，更好满足各方面对公平、优质、多样教育的需求，是一项重要而紧迫的任务。在新的历史起点上，民办教育面临大好机遇，同时也遭遇“玻璃门”“弹簧门”“旋转门”等问题，迈不开步子。必须进一步解放思想，适应新常态，在战略层面对民办教育定位作出重大调整，对民办教育改革发展作出新的顶层设计，着力突破制约发展的制度瓶颈，为民办学校发展拓展新的空间、注入新的动力，使其肩负起提供优质、多样教育的责任，使其在我国教育现代化的进程中发挥新的更大的作用。

为此，秦和提出了五条建议。第一，大胆探索多种形式的办学体制。无论公办教育还是民办教育，都具有公共属性，二者是互补关系，各有优势和不足。只要有利于扩大资源、有利于提高质量、有利于满足多样化需求，完全可以探索公办民办混合、国有民办、民办公助等灵活多样的办学体制。过去，我国在办学体制方面进行过探索，但由于担心出现国有资产流失、乱收费等问题，走了“弯路”甚至“回头路”。允许多种形式所有制和办学体制，有利于发挥市场作用，进一步拓展资源，符合十八届三中全会精神，方向正确，关键是要完善监管制度和配套措施。

第二，加强分类指导、分类管理。我国有14.8万多所民办教育机构、4 000多万民办学校在校生，覆盖从学前到研究生各学段。

可以说，民办教育是一个庞大体系,其多样性、复杂性必然导致诉求多元化，只有分类管理，才能增强政策的针对性和可操作性。近年来，国家试图在税收优惠、财政扶持、基金奖励等方面，出台支持民办教育的普惠性政策，但长期面临争议、处于“难产”状态，重要原因在于单一政策目标与多样化诉求的矛盾难以调和，充分说明“一刀切”的政策方案难以适应民办教育发展需求。必须针对不同层次、不同类型民办教育的发展需求和面临的实际问题，分别出台政策措施，加强分类管理、分类指导、分类支持。

第三，尽快突破教师队伍“瓶颈”。民办学校唯有内涵发展，才能争取新的发展空间。制约内涵发展的关键因素是教师。当前，民办学校教师社会保障待遇明显不如公办教师，有的地区在落户、职称评聘等方面对民办学校教师有诸多限制，超过300多万民办学校教职工对未来缺乏稳定预期，同等条件下倾向于在公办学校从教，无形中加大了民办学校选聘教师的成本。对此民办学校已呼吁多年，一些地方进行了积极探索，但国家制度层面始终悬而未决。当前，社会组织登记制度、养老保险制度、户籍制度正加快推进，应把握契机，下决心把这一问题解决到位，在制度上实现突破。

第四，全面落实对非营利性、普惠性民办学校的财政支持。公共财政扶持民办教育，不仅可以缓解民办学校的经费压力，还可起到“四两拨千斤”作用，吸引更多社会资金进入教育领域，总体上扩大教育资源，最终惠及全社会。通过财政手段，还可以更好地实施宏观管理和调控，引导民办学校按照政府的政策意图和方向发展。财政支持民办教育发展，现阶段要体现针对性、差异性、导向性，重点支持非营利性、普惠性民办学校，加强绩效考核评价，提高经费效益。

第五，构建民办学校自我发展、自我约束机制。当前，民办高校自我发展、自我约束机制尚未形成。要引导民办高校确立长远目标，坚持公益性导向，避免追求短期效应。在加大扶持力度的同时，加强监督，规范管理。开展对民办高校的质量评估，改进信息服务。充分运用信息公开、年度审计等手段，加强对民办学校的监督，引导民办学校建立健全自我发展、自我约束机制，不断提高社会声誉。

秦和最后总结说，我国民办教育站在新的历史起点上，又到了改革发展的关键时期。当前，在全国上下改革共识进一步增强的大好形势下，涉及民办教育的诸多重大改革迎来了“窗口期”。希望支持民办教育改革发展的力度更大一些、步子迈得更快一些。有国家的支持，有健全的制度保障，有举办者的热情和付出，我国民办教育一定能健康持续发展，为建设我国教育强国和人力资源强国作出新的更大的贡献。

秦和的发言引起了强烈的反响，她更是激动地说：“这是历史上教育界第一次做界别发言，也是民办教育第一次进入大会发言。今天我的发言不是代表我自己，而是代表身后300万民办教师和千千万万所民办学校。”

这些年以来，秦和不仅全心全意办好自己的教育，更是发挥自身优势和责任感，帮助国家研究民办高等教育，评估其他民办高校等。秦和总是说，她和华桥外院一样，不属于自己，也不仅属于学校，而是属于整个国家和社会。各种身份和角色让她忙得团团转，但是因为忙得有意义，所以她也忙得很充实，很快乐。

“穷则独善其身，达则兼济天下”，秦和就是这样，踏踏实实、一步一个脚印地追求自己梦想的同时，也时刻不忘发挥自己的光和热，去照亮更多人前行的道路。

百年名校　追梦永恒

2014年3月5日，十二届全国人大二次会议在人民大会堂开幕，李克强总理代表国务院向大会作政府工作报告。

李克强在介绍2014年重点工作时表示，加强教育、卫生、文化等社会建设。促进教育事业优先发展、公平发展。继续加大教育资源向中西部和农村倾斜，促进义务教育均衡发展。全面改善贫困地区义务教育薄弱学校办学条件。贫困地区农村学生上重点高校人数要再增长10%以上，使更多农家子弟有升学机会。加强农村特别是边远贫困地区教师队伍建设，扩大优质教育资源覆盖面，改善贫困地区农村儿童营养状况。发展学前教育，实施特殊教育提升计划。继续增加中央财政教育投入，提高使用效率并强化监督。深化教育综合改革，积极稳妥改革考试招生制度，扩大省级政府教育统筹权和高校办学自主权，鼓励发展民办学校。加快构建以就业为导向的现代职业教育体系。我们要为下一代提供良好的教育，努力使每一个孩子有公平的发展机会。

听完报告，秦和倍受鼓舞，感到民办高校的第二个春天来到了。

秦和对记者说，民办高等教育与公办高等教育本质属性一样，都是社会公益事业，都肩负着培养人才的重任。目前，我国民办高等教育在整个教育体系中占到五分之一，在加快高等教育大众化、满足多样化需求、缓解财政压力、扩大社会就业等方面发挥了重要作用，已从高等教育的“必要补充”发展成为“重要组成部分”。

国家高度重视民办高等教育发展，但受“非公即民”观念等因素影响，财政支持、税收优惠、待遇保障等方面的支持政策处于“难产”状态，一些关键性问题长期未能从根本上解决。比如，民办高校普遍面临生源减少、质量下降的挑战，社会资金进入仍存在障碍，面临教师法人地位难落实、收入和社保待遇低、发展空间受限等困境，难以吸引优秀人才。此外，政府与民办高校关系尚未理顺，仍存在管办评不分现象，现代民办大学制度体系亟待完善。

秦和说，公办、民办只是办学主体不同，不应存在截然分明的界限。只要有利于扩大教育资源、有利于提高教育质量、有利于更好地满足多样化需求，完全可以探索国有民办、民办公助等灵活多样的办学体制，释放社会办学活力。目前，一些独立学院已经采取国有民营的运行模式。下一步，可选择一些独立学院作为试点和突破口。

秦和说，党的十八届三中全会高举市场旗帜，提出“使市场在资源配置中起决定性作用和更好发挥政府作用”的重要思想，作出“完善产权保护制度”“积极发展混合所有制经济”等重大决策，要求“健全政府补贴、政府购买服务、助学贷款、基金奖励、捐资激励等制度，鼓励社会力量兴办教育”。下一步，加快民办高等教育发展，要按照三中全会精神，发挥市场优势，落实支持政策，推动形成自我发展和约束机制。

工作中的秦和

秦和介绍，从国际经验来看，非营利性是民办高校的主流。在当今世界的各类大学排行中，位列全球前100名的大学，绝大多数为非营利性私立大学。今后，民办高等教育改革发展的核心任务是提升办学水平，非营利性民办高校是重中之重。建议根据三中全会决定的要求和《民办教育促进法》，启动实施“高水平非营利性民办高校支持奖励计划”，支持非营利性民办高校加快发展，进一步提升办学水平，全面激发高等教育办学活力。

此外，秦和认为，要实现百年民办大学梦，需要职业化的校长。在她看来，我国当前非常缺乏职业化校长。校长的学识和管理是两个概念，好校长未必是优秀的学术专家，而优秀的学术专家也未必能成为好校长。校长要忘掉自己，舍身奉献，专注于学校的管理和建设，全身心地为老师和学生服务，而不单是把自己的学术做好。

校长的教育思想和规划设计对学校的发展是至关重要的。一个好校长，他的人格魅力和作风会影响到每一个教师和学生，会影响到学校的文化和精神建设。校长是一个学校的灵魂，有好校长才有好学校。做一个好校长是一辈子的事情，朝朝夕夕都要考虑老师和学生，要把这两个主体服务好、调动好，同时，更要考虑到学校的健康可持续发展问题。

如果一个学校五年或十年换一校长，很难沉淀出大学文化与精神。哈佛之所以成为哈佛，是因为每一任校长至少连任28年。如果一个好校长在一个学校连续工作28年，其教育思想和理念会一直得以延续，那么这个学校真的就很幸福，也一定能够成为一所好学校。为什么国外教育家比比皆是？是因为有一批甘愿奉献的人，他们一开始就会考虑，如果当校长我的精力是否允许，我能否对得起这个职责，我是否愿意放弃我的学术。无论校方还是校长自身都会非常慎重地选择。因为选择是痛苦的，更是责任，一旦认定了就不可改变。作为校长，要为老师搭建好平台，为学生铺好路。

社会在发展、转型和创新，教育就是要培养符合社会需要的人。现在社会需要与教育对接不上，因为学校缺乏对社会和市场的预测性以及前瞻性调研，而前瞻性调研往往是科学设计的基础。所以，校长需要全身心地投入学校的规划与设计。现在教育出现的问题是缺乏对教育本质的研究，缺乏对校长这个职业的深刻理解。如果每个校长都能做到鞠躬尽瘁，那么中国的教育事业就发展起来了。

“我愿意像陶行知一样，捧着一颗心来，不带半根草去。”这是秦和曾多次表达过的教育理念，也是她不断践行的人生信条。

“一个人有多大的精神世界，就有多大的事业；有多大的胸怀，就有多大的人生舞台。感谢这个时代，让我梦想成真。我坚信，一百年以后，中国的民办高等教育一定会出现像美国哈佛一样的世界私立名校，而我们这一代人，甘愿做中国民办高等教育发展过程中的铺路石，甘愿为社会培养更多的有用人才，甘愿为这个伟大的事业而奉献终生。我给自己设定了一个目标：再干三十年，三十年之后，我要把这个学校完整地交给社会。”这是她2005年所发表的一段讲话。

从1995年建校至今，秦和经历了不知道多少挫折和坎坷，但她始终微笑面对，依靠自身的人格魅力和对教育事业的执着信念，吸引了一批优秀的教师和她风雨同舟。

2015年6月，吉林华桥外国语学院最新一届的毕业生们在食堂吃完了学院为他们准备的饺子。这是吉林华桥外国语学院从2012年开始的一个习俗。“上车饺子下车面”是东北地区的一个习俗，上车吃饺子寓意一路顺风平平安安，学校准备上车饺子，欢送毕业生完成学业开始新的路途。下午，是吉林华桥外国语学院的毕业典礼，毕业典礼结束以后，毕业生们正式离开学校，到各自的岗位上开始工作。

像往常一样，秦和提前几天便精心撰写了毕业典礼的发言稿。无论是开学典礼还是毕业典礼，每一次发言，她都几易其稿，慎之又慎，把她的要求和期望都融进了每一次讲话中去。她知道自己的讲话会影响自己的学生，却不知道那影响会有多久，会有多深。心潮澎湃地送走了心爱的毕业生之后，秦和转身又投入到了忙碌的工作中去。

的确，她没有时间停下来自我欣赏。这一份注满了她全部激情和理想的事业，离名牌精品的路还有多远，离哈佛、耶鲁的路还有多远？就像她刚到知天命的年纪，就像华桥外院美丽的校园，就像莘莘学子求知的热望，一切似乎还刚刚开始。

建校近二十周年之际，秦和正秉承着她的信念，心怀着她的理想，朝着自己的百年私立名校梦走下去，坚定地走下去……

后　记

“你能来我们华桥，帮我写传记，说明我们有缘分。”秦和握着我的手，微笑着说。她相信缘分，我也相信。

盛夏六月，我还在梅雨季笼罩的宝岛台湾开会时，接到组织上的电话，要我去采访秦和，撰写她的传记。放下电话，我打开电脑，在Google上输入“秦和”二字：吉林华桥外国语学院院长，教育学博士，教授，十二届、十一届全国政协委员——几乎和所有的女校长一样，事业有成、荣誉满肩，所不同的是她是民办校长，而且年轻有为。

我又找到了华桥外院的微博和贴吧，寻找与秦和有关的信息和评论。出现最高的一个字眼：女神。为什么是“女神”，仅仅是因为漂亮吗？

带着心里的疑问，我提前两天抵达了华桥外院。周日的傍晚，学生们从四面八方赶回校园。夕阳西下，他们小鸟归巢似的身影形成了一道美丽的风景。周一的清晨，校园里出现统一身着校服的华外学子，雀跃着奔向教室、奔向课堂，整个宁静的校园顿时鲜活、灵动起来。

在校园的廊桥边，在食堂的餐桌旁，我听到了学生们对秦和的崇敬，对华外的热爱，也对“女神”这一称呼有了更加深刻的认识。

在本书的写作过程中，我与秦和有了更加深入的沟通。我深切地感受到，秦和的伟大之处，不仅在于她干出了这样一番了不起的事业，彰显了职业女性的韬略和气魄，更在于她在自己的事业和家庭之间取得了极佳的平衡，成功地履行了自己作为女儿、妻子和母亲的角色。

在事业成功的光环下，曾有人问秦和，在“女院长”、“女博士”、“女强人”、“女企业家”、母亲、妻子、女儿这些角色中最中意自己的哪一个角色，秦和的回答朴实而让人敬佩：我把事业看得重于泰山，但作为晚辈我要照顾好长辈，作为妻子我要照顾好丈夫，作为妈妈我要照顾好孩子。在招生与开学最忙碌的日子，她也忘不了给自己的母亲和公婆送去身为女儿和儿媳的关心。结束一天的工作，回到先生的身边，她依然是一个温柔多情的妻子。即使出差，她也会在儿子入睡前跟他电话短信道声“晚安”。

秦和用自己对事业的执着和努力感染着家人，温馨和谐的家庭也给了她事业的信念和动力。无论是危急时刻慷慨解囊支持她办学的母亲，还是掩去自己的光辉、默默在身后陪她一起全身心奉献的丈夫，还是懂事善良、理解并疼爱着她的儿子，他们都是秦和追梦路上的坚强后盾。秦和的好女儿、好妻子、好母亲的角色，又增添了她完美女性的人格魅力。

采访的时间是有限的，书稿的最终完成，除了感谢秦和的支持与配合，还要感谢华外可爱的孩子们和可敬的老师们。感谢杨秘书长的悉心指导和热心帮助，感谢赵副校长、黄院长、苗处长、杨副处长热情接受采访，感谢孙老师、王老师和崔老师提供的宝贵资料。秦和顶层设计和教育理念的成功贯彻，在他们的身上得到了最好的证明。

最后，还要郑重感谢的，是此前曾去采访过秦和的赵坤老师、翟静宜老师和梁海雯老师。本书的部分素材来源于他们此前所收集的资料，有些部分为直接原文引用。对于他们的辛苦付出，在此谨致谢忱。

徐　娟

2018年3月1日

图书在版编目(CIP)数据

秦和：吉林华桥外国语学院院长/徐娟著. —北京：中国传媒大学出版社，2018.6
ISBN 978-7-5657-2326-1

Ⅰ.①秦… Ⅱ.①徐… Ⅲ.①秦和—人物研究 Ⅳ.①K825.46

中国版本图书馆 CIP 数据核字(2018)第 087484 号

秦和：吉林华桥外国语学院院长

QINHE：JILIN HUAQIAO WAIGUOYU XUEYUAN YUANZHANG

著　　者	徐　娟
策划编辑	李水仙
责任编辑	吴　磊
责任印制	曹　辉
封扉制作	泰博瑞国际文化传媒
出版发行	中国传媒大学出版社
社　　址	北京市朝阳区定福庄东街 1 号　邮编：100024
电　　话	86—10—65450528　65450532　传真：65779405
网　　址	http://www.cucp.com.cn
经　　销	全国新华书店
印　　刷	艺堂印刷(天津)有限公司
开　　本	670mm×970mm　1/16
成品尺寸	155mm×235mm
印　　张	14.75
字　　数	159 千字
版　　次	2018 年 6 月第 1 版　　2018 年 6 月第 1 次印刷
书　　号	ISBN 978-7-5657-2326-1/K·2326　　**定　　价**　65.00 元

国家出版基金项目　教育部人文社科重大委托项目

探寻世界女子高等教育的发展轨迹　展现大学女校长的治校理念与风采

“世界大学女校长　女子大学”丛书

总顾问　陈至立　　主编　刘继南

丛书涉及 23 个国家的女子高等教育　34 个国家 80 余位大学女校长

吴贻芳——金陵女子大学校长
谢希德——复旦大学校长
常沙娜——中央工艺美术学院院长
庞瑶琳——北京化工学院院长
陈乃芳——北京外国语大学校长
回春茹　张李玺——中华女子学院院长
山红红——中国石油大学校长
胡大白——黄河科技学院院长
秦　和——吉林华桥外国语学院院长
包德明——台湾铭传大学校长
钟期荣——香港树仁大学校长
成嘉玲——台湾世新大学校长

阿丽扎·申哈——以色列厄梅克学院院长
戴·叶布瑞——澳大利亚麦考瑞大学校长
居尔松·萨拉莫——伊斯坦布尔科技大学校长
杰奎琳·里博格特——美国埃莫森学院校长
克里斯汀——冰岛大学校长
坤仁·苏查达·吉拉南——泰国朱拉隆功大学校长
玛利亚·埃莱娜·纳扎雷——葡萄牙阿威罗大学校长
玛娜娜·萨那泽——格鲁吉亚大学校长
玛维琳娜·秀茨——美国迪拉德大学校长
曼珠·米舍尔——尼泊尔新闻与大众传播学院院长
英格瑞德·莫西斯——澳大利亚新英格兰大学校长
朴东顺——韩国东西大学校长
水田宗子——日本城西大学校长
张蕴礼——夏威夷大学希罗分校校长

朱迪斯·甘丽雅——新西兰梅西大学校长
朱迪斯·伍兹沃斯——加拿大康考迪亚大学校长
朱慧琼——津巴布韦非洲女子大学董事长

澳大利亚大学女校长
大学女书记们
大学女校长们
俄罗斯大学女校长
法国大学女校长
非洲大学女校长
芬兰大学女校长
韩国大学女校长
美国常春藤大学女校长
美国五姐妹女子学院校长
塞尔维亚大学女校长
意大利大学女校长
印度大学女校长
英国大学女校长
中国大学女校长

世界女子大学
美国女子大学
韩国女子大学
日本女子大学
中国女子高等教育

智慧的靓影——世界大学女校长论坛图文集锦

爱读@传媒人的知识库
（For IOS）

微信关注我们

访问我们的主页

丛书相关资源和中国传媒大学出版社信息　网站下载 http://www.cucp.com.cn
世界大学女校长论坛及丛书信息　网站下载 http://lady.163.com/special/sense/nvxiaozhang.html

编 后 记

为记录传承退思园的丰厚文化底蕴，2022 年 12 月初，同里镇人民政府决定启动编纂《退思园志》。2022 年 12 月 16 日，《退思园志》篇目论证会在同里镇政府办公大楼召开，标志着《退思园志》编纂工作正式启动。2023 年 10 月，《退思园志》被列入 2024 年度江苏省重点史志作品编纂出版资助项目。

《退思园志》编纂工作，历时 2 年多。2022 年 12 月至 2023 年 9 月，主编刘延华依托近十年收集起来的资料，分章撰写初稿。2023 年 10 月至 2024 年 3 月，黄思萱、马常宏负责统稿。2024 年 3 月，编纂出初稿。2024 年 4 月 18 日，江苏省地方志工作办公室组织召开了初稿研讨会。2024 年 4 月下旬至 9 月初，根据研讨会上领导及专家的意见和建议进行修改，形成终审稿。2024 年 10 月，通过专家终审。2025 年 2 月，通过省地方志工作办公室验收。

在《退思园志》编纂过程中，编委会和编纂人员牢固树立正确的指导思想，坚持尊重历史，努力全面完整反映退思园的历史和现状，力争形成彰显退思园的园林特色、富有时代特征、雅俗共赏的精品良志。修志时，始终遵循符合专业要求、符合园林特点、兼顾历史性的原则和要求，做到重点突出，言之有物，语言流畅、简洁。

《退思园志》编纂分工：刘延华负责名园历史、布局概览、宅园建筑、叠山理水、花卉树木、书画题刻的撰稿。黄思萱负责名园历史、布局概览、宅园建筑、叠山理水、花卉树木的统稿以及保护利用、大事纪略的撰写，马常宏负责书画题刻的统稿和艺文杂记的收集整理。吴江区档案馆王来刚、顾晓红对稿件进行了调整、删改、补充、润色、选图、编排。

自 2010 年编者开展“退思园建筑布局及历史演变研究”课题以后，即进行退思园有关资料整理，为《退思园志》编纂工作夯实了丰富的资料基础。在退思园课题研究与《退思园志》编纂过程中，吴国良、杨敬、孙中旺、沈继英、王德鹏、沈斌、吴旭江等图书文博系统专家在资料收集、线索查询等方面提供了专业支持，任氏后裔任孝平、任孝安提供了民国时期退思园老照片，研究人员沈一、田甜查找整理了一批珍贵的退思园（丽则女学）史料。吴企明、李晋南、沈春荣、沈昌华、凌在纯、顾宇驰、汤晓峰等专家学者在楹联、字画、恽南田碑刻、任兰生《蚕桑摘要》的识读断句方面给予了专业指导。参与过退思园修复工作的同里镇原副镇长蒋鉴清在退思园修复情况核实方面给予了大力支持。上海建为历保科技股份有限公司付焕平测绘团队提供了测绘资料，苏州大学王杰青团队提供了花木调研情况，李坚强、苏军、钮泉娜等拍摄提供了退思园照片。同里镇旅游和文物保护管理办公室严晓洁做好志书编纂过程中各项协调服务工作，苏州同里国际旅游开发有限公司副总经理薛闰、景区管理部经理顾荣华为退思园现场测绘和花木、家具、陈设调研等工作进行了合理安排。近十年间，戴丹、肖军、姚晨峰、钱国良、秦志刚等同里镇与吴江区文体广电和旅游局的分管领导，以及吴江区文物保护管理所所长周春华等，对退思园课题研究及《退思园志》的编纂工作也给予了关心和支持，在此一并致以衷心的感谢！

编纂《退思园志》对编纂人员是一次难得的学习良机和重要的人生经历。由于编者水平有限，志书中难免有遗漏失误之处，敬请读者批评指正。

《退思园志》编纂办公室

2025 年 2 月

图书在版编目（CIP）数据

退思园志 /《退思园志》编纂委员会编 . -- 上海 : 上海社会科学院出版社 , 2025. -- ISBN 978-7-5520-4737-0

Ⅰ . K928.73

中国国家版本馆 CIP 数据核字第 2025V3A655 号

退思园志

编　　者：《退思园志》编纂委员会
责任编辑：蓝　天　沈明霞
装帧设计：姚　毅
封底标识：马常宏
出版发行：上海社会科学院出版社
上海顺昌路 622 号　邮编 200025
电话总机 021-63315947　销售热线 021-53063735
https：//cbs.sass.org.cn　E-mail：sassp@ sassp.cn
印　　刷：上海展强印刷有限公司
开　　本：787 毫米 ×1092 毫米　1/16
印　　张：16
插　　页：16
字　　数：320 千
版　　次：2025 年 3 月第 1 版　2025 年 3 月第 1 次印刷

ISBN 978-7-5520-4737-0/K · 480　　定价：168.00 元